Lo Que toda Madre Necesita

Elisa Morgan y Carol Kuykendall

EDITORIAL
Vida

DEDICADOS A LA EXCELENCIA

La misión de Editorial Vida es proporcionar los recursos necesarios a fin de alcanzar a las personas para Jesucristo y ayudarlas a crecer en su fe.

ISBN 0-8297-0616-X
Categoría: Familia/Madres

Este libro fue publicado en inglés con el título
What Every Mom Needs por Zondervan Publishing House

© 1995 por MOPS International, Inc.

Traducido por Adriana Powell

Edición en idioma español
© 1996 EDITORIAL VIDA
Deerfield, Florida 33442-8134

Reservados todos los derechos

Cubierta diseñada por Paz Designs

Printed in the United States of America

Dedicatoria

A cada mamá,
con amor.
¡Eres importante!

Mamá, ¿qué necesitas más?

— ❧ —

Evaluar mis sentimientos

Saber que soy normal

Saber que soy una buena madre

Aceptación

Estímulo

Apoyo

Tiempo

Tiempo con mi esposo

Tiempo libre

Tiempo para mí

Tiempo con Dios

Paciencia

Más energía

Descanso

Una siesta

Una empleada para las tareas domésticas

Una secretaria

Una niñera

Unas vacaciones

Conversación con adultos

Amigos, amigas

Una amistad íntima

Alguien que entienda cómo me siento

Saber que el hecho de ser mamá es importante

Índice

Reconocimientos

Este libro representa veintidós años de trabajo de mujeres y hombres vinculados a MOPS Internacional (*Mothers of Preschoolers International*, Madres de Preescolares, Internacional). Es producto de la fidelidad a su visión de alcanzar a cada madre de niños de edad preescolar; eso es lo que ha mantenido dinámica y eficiente a la organización. De manera particular les damos gracias:

- a las madres que han participado en MOPS desde 1973

- a la mesa directiva de MOPS Internacional, tanto del pasado como del presente

- a las madres que respondieron a las mil encuestas que enviamos y que luego nos sirvieron para este libro

- al equipo de MOPS Internacional, del que deseamos hacer un reconocimiento especial a:

Kaye Burich

Kelli Gourley

Michele Hall

Marcy Naumann

Karen Parks

¡Gracias por mantener a MOPS en su corazón!

Además, queremos expresar nuestra gratitud por la participación de Zondervan Publishing House, en la edición en inglés, y al aporte de Scott Bolinder y de Sandy Vander Zicht. Gracias por ofrecer la posibilidad de llegar a "cada mamá".

Por último, a Rick Christian, muchas gracias por contribuir a que se escuche nuestra voz, en representación de todas las madres de niños preescolares.

Introducción

Linda se reprochó: "Debí saber que no valía la pena ir hoy al supermercado", mientras ubicaba a su pequeño Javier, de dos meses, en el asiento para bebés del carrito. El niño ya estaba molesto, y ella se sentía incómoda y culpable. Su hijo protestaba todo el tiempo, mientras se dirigían hacia la sección de las verduras.

Linda miró su reloj. Eran casi las dos y media de la tarde. Con razón el bebé estaba molesto. Debiera estar en casa, dormido en su cuna. Sin embargo, entre biberones y sueños breves, apenas le había alcanzado el tiempo para alistar al niño para salir de compras.

¿En qué estaba fallando? Desde que nació el bebé, había perdido por completo el control de su tiempo. Antes podía hacer una lista y cumplir sus tareas con eficiencia. Mientras estaba embarazada, había imaginado que luego de nacer su bebé podría cumplir con toda la rutina y todavía disponer de tiempo para sí misma. Ahora, apenas lograba salir de la casa para cumplir la más ínfima de las diligencias, como hacer compras. Si lo lograba, probablemente sería la única misión cumplida en el día.

Quizá convenía reducir la lista a la mitad y comprar sólo la leche, los pañales y alguna cosa para la cena, y así terminar en poco tiempo, decidió. ¿Qué más tenía anotado? ¡Oh, la lista! Buscó frenéticamente en su bolso. Seguramente la había dejado sobre la mesa de la cocina. Suspiró y empujó el carrito más rápido.

Le pareció que el lugar estaba más atestado que de costumbre a esa hora del día, y para cuando logró reunir la leche y otros productos indispensables, Javier ya había evolucionado de los lloriqueos iniciales a lastimeros sollozos.

Ahora ya estaba chillando a gritos. A diez metros a la redonda, todas las personas la observaban, mientras ella, sin éxito, trataba de tranquilizarlo. Por último, pudo arreglárselas y pasar por la caja, llevar sus compras y el niño hasta el auto, colocarlo en el asiento y ajustarle el cinturón, conducir a casa con una sola mano mientras con la otra le acariciaba el rostro. Por fin el bebé se calmó unas cuadras antes de llegar a la casa. Entonces se vio con otro problema. Exhausto a raíz de la salida, el bebé estaba a punto de dormirse.

Era importante llegar a casa, darle de mamar y acomodarlo para una verdadera siesta, cosa que le diera margen suficiente para descargar y guardar las compras, y organizar la cena antes que el bebé volviera a despertarse. Linda sacudía el sonajero delante del bebé mientras cantaba su nombre, hasta que estacionó el auto frente a su casa.

Con rapidez se quitó el cinturón de seguridad y luego le quitó el de Javier, se colgó el bolso de pañales y su propio bolso al hombro y luego levantó el asiento del bebé. Venció el impulso que tenía de llevar también una de las bolsas de compras, y subió por las escaleras.

Una vez dentro de la casa, volcó su carga sobre la mesa y se dirigió con el bebé hacia el dormitorio, donde le cambió los pañales. Meciéndolo mientras le daba de mamar, trató de disfrutar del momento. Esta era la escena que se había imaginado cuando soñaba con llegar a ser mamá: tiernos momentos como éste, sosteniendo en sus brazos a un dulce bebé que era el centro absoluto de su vida.

Pero ahora sus reflexiones acerca de la necesidad de preparar la cena y de completar la tarea del lavado bloqueaban las sensaciones de serenidad del momento. De pronto las lágrimas se formaron bajo sus espesas pestañas. Se sentía muy cansada. Más exhausta, desanimada y sola que nunca antes en su vida. Había pensado que podía manejar, y aun disfrutar, el hecho de ser mamá. Pensaba que sabría cómo hacerlo. Pero no era esto lo que había esperado. Esto era . . . cómo podía decirse, ¡muy *difícil*!

¿Qué me pasa?, se preguntó Linda.

LAS EXPECTATIVAS Y LA REALIDAD

Es muy probable que a usted le haya pasado lo mismo que a Linda. Quizá le haya ocurrido apenas el mes pasado. Quizá la semana pasada. Quizás apenas hace una hora. No importa cuándo, uno se siente sorprendido por la desilusión, la confusión, la sensación de incapacidad. ¡No era eso lo que se suponía que significaba la tarea de ser mamá!

Antes de llegar a ser mamá, soñábamos acerca de la maternidad. La imaginábamos como algo mágico, pintado en perfectas imágenes color pastel. Luego vino el golpe de la realidad.

Mis sueños y expectativas tomaban la forma de un aviso comercial: Muchas sonrisas y arrullos, y un bebé contento y satisfecho por completo. Por supuesto, sabía que habría momentos difíciles; pero no me ahogarían por mucho tiempo. Y mi amor por mi bebé sería capaz de superar cualquier falta de sueño o aun no poder salir con mis amigas. Pero ya aprendí que no es así la realidad.

Y otro sueño:

Pensé que mi bebé y yo nos llevaríamos perfectamente bien. Me imaginaba a mí misma con una energía inagotable, luciendo espléndida cuando mi esposo regresara a casa. Nos sentaríamos a la mesa para disfrutar juntos de una cena bien balanceada, y luego saldríamos a caminar en familia por el parque; y luego disfrutaríamos de una velada romántica mientras el bebé dormía tranquilo. ¡Qué broma!

Bastan unos meses de maternidad para abrir los ojos frente a la desilusión que produce el abismo que hay entre nuestras expectativas y la realidad de estar absortas por el trabajo veinticuatro horas por día, involucradas en algunas de las tareas más rutinarias de la vida.

Sí, por supuesto, hay momentos maravillosos y tiernos. ¡Hasta horas enteras de felicidad! Acariciar una piel con la suavidad de un pétalo. Palpar manos pequeñitas y perfectas, con hoyuelos en los nudillos. Repasar con delicadeza bajo la papada, tras las orejas, y plantar besos en las mejillas regordetas. Contemplar profundamente esa mirada que parece estar encantada sólo por nuestra presencia. Inclinarnos en respuesta a los bracitos que se extienden. ¡Por supuesto que hay momentos maravillosos en la tarea de ser mamá!

Pero también hay momentos desconcertantes, inesperados, días y semanas en los que llegamos al límite de nuestra fuerza y de nuestros conocimientos, y nos preguntamos cómo haremos para salir adelante durante los próximos veinte años . . . o los próximos veinte minutos.

¡LAS MADRES TAMBIÉN TIENEN NECESIDADES!

Como madres de preescolares, con niños entre la lactancia y la edad escolar, encontramos un abismo cada vez más grande entre nuestras expectativas fantasiosas y la innegable realidad de la vida de cada día. En ese se hallan algunas de nuestras necesidades más básicas y persistentes. Sin embargo, a causa de la naturaleza exigente y agitada de esta etapa, a menudo no llegamos a examinar esas necesidades, mucho menos tomamos tiempo para satisfacerlas. No obstante, considere por un instante *esta* verdad: Las madres también tienen necesidades continuas. Necesitan dormir. Necesitan desarrollarse como personas. Necesitan que alguien se interese por ellas. Necesitan recuperar la perspectiva y la esperanza. Pasar por alto esas necesidades no sólo pone en peligro la salud y el bienestar de la propia mamá sino de toda la familia.

Este libro trata acerca de lo que las madres necesitan. Enfocamos dos puntos esenciales:

1. *Las madres tienen necesidades*. Esas necesidades son una parte innegable de nuestra vida y su satisfacción es esencial para nuestro desarrollo. Antes de comenzar a considerarlas en forma particular, es importante que las comprendamos en un sentido general.

- Las necesidades son normales. Todo ser humano las tiene. Los psicólogos, los científicos sociales y los expertos religiosos concuerdan en afirmar que las personas normales tienen necesidades y que las personas sanas las admiten. Una mamá que cree que no tiene necesidades importantes está en camino a sentirse frustrada y vacía. Las necesidades son normales en esta etapa de la vida, como lo son en todas las etapas.

- Las necesidades son personales. Algunas de sus necesidades serán más acuciantes que otras. Sus necesidades pueden ser diferentes de las de su mejor amiga. En algunos momentos, una necesidad puede parecer mucho mayor que otra, pero al poco rato cambian de prioridad.

- Deben reconocerse las necesidades. Éstas son persistentes e insistentes. No deben pasarse por alto. Si no reciben la atención que solicitan de una manera saludable, son capaces de asomarse de una manera indeseable. El psicólogo Larry Crabb informa: "La mayoría de los síntomas psicológicos (ansiedad, depresión, ira descontrolada, mentiras patológicas, problemas sexuales, temores irracionales, manías) son el resultado directo de necesidades personales insatisfechas."[1] En cambio, reconocer y satisfacer nuestras necesidades hace posible un desarrollo positivo en esa etapa de la vida.

1 Dr. Lawrence J. Crabb: *Basic Principles of Biblical Counseling*, Zondervan, Grand Rapids, MI, 1975, p. 53.

2. *Las madres necesitan reconocer y satisfacer sus propias necesidades, a fin de atender mejor a las necesidades de sus hijos.* Cuando está por despegar un avión escuchamos las instrucciones preliminares. Nos informan que si cae la máscara de oxígeno durante el vuelo y uno está junto a un niño pequeño es preciso colocarse uno mismo la máscara en primer lugar, y luego ayudar al niño. La razón es obvia: ¡No se puede ayudar a un niño a respirar si uno mismo se ha desmayado por la falta de oxígeno!

De manera similar, las madres no pueden atender con eficiencia las necesidades de sus hijos si hacen caso omiso de las propias. Durante la etapa de la maternidad, en que se atiende a pequeños con necesidades muy intensas, las madres deben reconocer la importancia que tiene comprender y satisfacer sus propias necesidades, para el bien de los niños y de la familia.

NUEVE NECESIDADES

Hay nueve necesidades peculiares de una mamá en esta etapa de la vida en que estamos criando hijos entre la lactancia y la edad escolar. Cuando aprendamos a reconocer esas necesidades en nosotras mismas, se transforman en los peldaños que trazan el camino entre las expectativas y la realidad. En cambio, si se pasan por alto, se transforman en piedras de tropiezo que hacen más lento nuestro desarrollo e impiden nuestra plenitud como madres.

¿Cómo lo sabemos? Porque hablamos en nombre de una organización — MOPS Internacional —, que ha estado dedicada a atender las necesidades de las madres de niños pequeños desde 1973, en los Estados Unidos de América y en más de diez otros países. La compilación de estas nueve necesidades típicas es el producto de años de investigación, entrevistas, y experiencia en contacto con madres de preescolares. Al prepararnos para escribir este libro, enviamos más de mil encuestas a madres que respondieron con descripciones de sus propias necesidades. Usted encontrará esas descripciones a lo largo del libro.

Se escribieron estos nueve capítulos para ayudar a las madres a comprender y a satisfacer sus propias necesidades. Cada capítulo tiene una estructura que comienza con un relato adaptado de experiencias reales de madres de preescolares. Luego, la parte principal del capítulo analiza esa necesidad y se enfoca en por qué es tan esencial que la mamá satisfaga esa necesidad. Al final de cada capítulo hemos incluido una sección práctica titulada "Pasos

Prácticos". Allí encontrará inspiración, algunas preguntas para responder y algunas sugerencias prácticas para tomar algunos pasos concretos y atender a esa necesidad en su propia vida.

En todo el libro, incluso en esta introducción, intercalamos los comentarios de madres de preescolares para hacer énfasis en los conceptos. Observará que cuando habla una mamá no la presentamos ni la identificamos. Lo que hacemos es destacar sus palabras en cursiva. Es nuestra esperanza que usted llegue a establecer amistad con las madres que aparecen en estas páginas. Quizá reconozca a alguien a quien conoce, quizás aun se reconozca a sí misma.

También podrá notar que este libro está dedicado a "todas" las madres de niños pequeños, no importa quienes sean y donde vivan. Sea que dediquen todo su tiempo a su casa o también trabajen fuera del hogar. Sean casadas o solteras. Cualquiera sea su herencia o su fe. No importa cuál haya sido su pasado o cuál sea su presente. Puede tener tres hijos o uno. Puede tener diecinueve años de edad o cuarenta y dos. Este libro es para usted porque estas nueve necesidades describen su persona.

Estamos seguras de que este libro le ayudará a encontrar sentido en lo que está viviendo y le dará la seguridad de que no está sola en la tarea. Encontrará estímulo al leerlo. Y también esperanza.

Esta es nuestra esperanza,

Elisa Morgan y
Carol Kuykendall
en representación de MOPS Internacional

¿Qué la sorprendió respecto a ser mamá?

— ❧ —

Yo misma.

Mi inestabilidad e impaciencia.

Lo cansada que me siento.

Lo mucho que amo a mi bebé.

Que un bebé me ocupe todo el tiempo del día.

El hecho de que aunque amo a mis niños, a veces me disgustan.

Cómo el hecho de ser mamá saca a la luz lo mejor y lo peor de mí misma.

Algunas cosas que les digo a mis hijos y que me había prometido no decirles jamás.

El hecho de que nunca podré volver a entrar al baño sola.

Cuántas veces hay que limpiar una nariz.

Que un pequeño de dos años pueda lograr que su mamá se arrodille a orar mucho más rápido que cualquier otra cosa.

¡Que el trabajo no termina a las cinco de la tarde, ni a las diez, ni a las dos de la mañana!

Cuánto me preocupo por los gérmenes, el humo de los cigarrillos, las personas extrañas, los accidentes automovilísticos y . . .

Que por primera vez comprendo de veras a mi mamá.

Que pudiera llegar a amar a un segundo hijo tanto como al primero . . . y luego a un tercero . . .

Lo maravilloso que es que a una la llamen "mamá".

Significado:

A veces me pregunto si criar hijos de veras importa

Juanita volvió desde el refrigerador hacia el sofá donde estaba su recién nacida envuelta en una manta. *¡Tan pequeñita!*, pensó mientras la levantaba en brazos y la acercaba a su pecho. Pero al mismo tiempo, tanto más grande que dos meses atrás, cuando el médico la había colocado sobre su vientre, en la sala de parto. Jamás olvidaría aquel momento.

Juanita acarició la mejilla de Marcela con ternura y luego la levantó en vilo, en actitud de juego. "Te amo, mi pequeñita, más de lo que jamás imaginé."

Continuó mimando a la bebé hasta que oyó el tema musical que le era familiar, la cortina musical de un noticiero televisivo. *¿Cinco de la tarde? ¿Cómo voló tan rápido el día? ¡Ni siquiera me he vestido!* — pensó mientras echaba una mirada a su camisón arrugado —. *No he hecho nada hoy. Precisamente yo, que era tan organizada y eficiente.*

Juanita sostuvo en brazos a su bebé y reflexionó sobre el transcurso de los últimos meses. Era dentista y, en su condición, había recibido más bromas que las habituales, a medida que le iba creciendo el vientre con el embarazo, y tenía que adoptar extrañas posiciones para hacer su trabajo con cada paciente. ¡Lo cierto es que amaba su profesión! Veía muchos rostros diferentes cada día, y disfrutaba ayudando a la gente. Hablaba y hablaba, mientras se ocupaba de la dentadura de cada paciente, y luego ordenaba el instrumental esterilizado para la jornada del próximo día. A las cinco de la tarde, sabía con exactitud lo que había hecho de su tiempo.

Pero en cambio, ¿qué había logrado hoy? Había cuidado a su

bebé, la había bañado y vestido, y la había alimentado . . . y alimentado . . . y alimentado. Había ordenado la habitación, había lavado y doblado dos pilas de ropa. No parecía que había hecho mucho. Pero en alguna medida, parecía haberle consumido todo el día. Ni siquiera se había podido dar un baño, porque Marcelita se despertó en el preciso momento en que abría el agua, y todavía no se sentía segura de entrar al baño y dejar a la niña, tan pequeña, despierta.

Apenas me queda un mes de licencia. ¿Cómo podré siquiera regresar al trabajo si no puedo dejarla el tiempo suficiente para darme un baño?

Todo el tema de volver al trabajo tocó un aspecto sensible en el corazón de Juanita. ¿Debía volver . . . o debía quedarse en casa con la niña? No sabía cuál era la respuesta correcta. Su esposo había dicho que quizá se las podían arreglar sin ese ingreso. Pero ¿podrían? ¿Podría ella?

Precisamente anoche, durante una recepción que habían ofrecido en la empresa al grupo de trabajo de José, un hombre le había preguntado a qué se dedicaba. Ella suponía que la respuesta era obvia, viéndola allí con su recién nacida en brazos. Pero el hecho de que aquel hombre planteara la pregunta le hacía ver que responder "Soy mamá" no era suficiente. De modo que dijo: "Soy dentista." A su interlocutor se le iluminó el rostro y en seguida hizo algunas bromas sobre los dentistas.

¿Cómo hubiera reaccionado si le respondía que era mamá?, se preguntó Juanita.

En lo más recóndito de su corazón, lo que más anhelaba Juanita era quedarse en casa con Marcela y con los niños que ella y José tuvieran en el futuro. Pero a la vez, se preguntaba si esa era la decisión correcta. Ningún cheque a fin de mes. Ningún ascenso laboral. Nada de colegas. Ningún calendario de actividades para marcar al final de cada jornada.

Juanita contempló a su hijita, que ahora dormía en sus brazos, y una vez más acarició su suave mejilla. ¿Lo lograría? ¿Podría ser una buena mamá? ¿Era ser mamá lo bastante importante como para invertir en eso su vida?

¿VALE LA PENA SER MAMÁ?

Es una buena pregunta, ¿verdad? Cuando estamos en plena batalla sólo por conseguir darnos un baño antes que acabe el día, nos preguntamos si lo que estamos haciendo en nuestra condición de madres es de veras importante. Como flechas agudas, los sentimientos negativos asechan nuestra confianza y nos acusan de no valer gran cosa. Considere los siguientes ejemplos:

Siento que lo que hago como mamá no es muy importante

No es fácil encontrar significado en limpiar caritas y narices sucias, pañales sucios . . . no sólo una vez sino una y otra y otra vez. Toda mamá no fue siempre mamá. Antes de llegar a serlo, encontraba el sentido de su existencia en algún aspecto de su ser. Un talento. Una carrera. Un deporte. Un grupo de compañeros de trabajo.

Sin embargo, una vez que los hijos aparecen en escena, las madres deben elegir entre distintas actividades. Muchas de nosotras optamos por ocuparnos de atender a nuestros bebés porque los amamos de verdad y deseamos satisfacer sus necesidades. Pero si somos sinceras, la mayoría se planteará alguna vez la pregunta acerca de si vale o no la pena la determinación que hemos tomado de "quedarnos en casa para criar a los hijos". Las madres no reciben cartillas evaluativas ni ascensos anuales. Rara vez nos dan una palmadita en la espalda o una palabra de estímulo por nuestro desempeño o nuestros importantes aportes.

Era capaz de manejar una importante carrera, administrar mi casa y ser una esposa bastante buena, de modo que me resultó natural dar por sentado que también sería una mamá eficiente. La verdad es que no estaba preparada para este remolino descendente en mi estima propia.

— ૨& —

Después de trabajar durante años fuera de casa y mantenerme a mí misma, quedarme en casa con el bebé recién nacido me hacía sentir que no estaba "haciendo" nada, a pesar de que jamás había tenido que trabajar tanto en toda mi vida.

En realidad, a veces hasta nuestros propios hijos se encargan de desanimarnos: "Mami, eres mala", nos dicen cuando pretendemos disciplinarlos y orientarlos. A veces no sabemos qué pensar.

¡Siento que nunca termino nada!

La escritora Emma Bombeck compara la experiencia de criar hijos con la de enhebrar cuentas. Pasamos todo el día cumpliendo con la rutina, enhebrando una tras otra cada cuenta brillante y colorida, y sintiéndonos bastante orgullosas de nosotras mismas. Damos por sentado que estamos haciendo y logrando mucho. Pero la ilusión de productividad se desvanece cuando, al final del día, nos inclinamos a contemplar el collar y descubrimos que no tiene nudo. Las cuentas que habíamos enhebrado están ahora desparramadas por todas partes, y tenemos que comenzar de nuevo.

¿Cuándo completa una mamá su tarea? No hay ocasión en que podamos permanecer sentadas a la mesa durante todo el almuerzo, sin levantarnos para ir hacia la cocina, el refrigerador o el teléfono. Casi no podemos completar una idea en la que estamos pensando antes que alguien necesite algo y nos saque de nuestra concentración. Hasta terminar de pronunciar una frase es todo un acontecimiento.

La tarea misma de criar los hijos no termina jamás. Sabemos que no habremos "completado" la responsabilidad de educar a nuestros hijos hasta que cumplan los dieciocho años, y entre la infancia y los dieciocho años hay un lapso muy largo. Aun así, seguimos siendo madres de por vida.

¡Todo el tiempo me siento cansada!

Casi ningún bebé duerme toda la noche en los primeros meses de vida. ¡Muchos de ellos no logran un ritmo normal hasta cumplir el año y quizá más! Cuando más o menos adoptan algún ritmo medianamente aceptable, aparecen otros aspectos que tratar. Por ejemplo, poner límites a un niño de dos años, enseñarle a prescindir de los pañales, responder sus preguntas y más preguntas y más preguntas. Se ha dicho que vivir con un recién nacido es extenuante desde el punto de vista físico. Convivir con un niño que está aprendiendo a caminar es mental y emocionalmente extenuante.

¡Siento que pierdo el control!

De repente, las personas que disfrutaban de cierto sentido de orden en su vida cotidiana ahora experimentan el caos. ¿Cómo llevar a cabo los compromisos personales cuando al bebé se le presenta una infección de oídos o cuando ensucia los pañales en el preciso instante en que usted está lista para salir hacia la iglesia, o cuando el niño tropieza, se cae y todo tiene que suspenderse para atender y curar una herida o una raspadura?

Soy una persona muy organizada. Me gusta tener cada cosa en su lugar. Antes que tuviéramos hijos, lo lograba. Ahora, cada vez que miro veo juguetes por todos lados y un desorden total que yo no he producido.

¿Cómo seguir gobernando una casa que antes le pertenecía por completo y que ahora ha sido invadida por pequeños que tienen pilas de cosas que nunca parecen estar en su lugar? ¿Cómo pasar de la libertad de hacer *lo que* uno quiere y *cuándo* uno quiere, a la falta total de libertad?

¿Es de veras importante ser mamá? Esta es una pregunta que exige respuesta. Vivimos en una época en que se juzga lo que somos en función de lo que hacemos. El valor de una mamá se

No me siento importante. A veces, cuando paso todo el día haciendo mandados, limpiando, haciendo de chofer, y cocinando, comienzo a pensar que cualquiera podría hacer lo que estoy haciendo . . . no soy tan importante, a fin de cuentas.

— ❧ —

Una noche rompí a llorar y me pregunté si lo que hago tiene alguna importancia. No trabajo ni estudio. Hago las cosas de la casa: limpio, lavo, cocino; y al día siguiente hay que hacer otra vez lo mismo como si no se hubiera hecho. Cuando organizo algún acontecimiento especial nadie parece notarlo siquiera. ¿Cómo voy a darle sentido a mi vida?

estima de acuerdo con lo que hace y lo que logra. Cuando su trabajo nunca llega a completarse o constantemente se desmorona, si resulta extenuante y nunca recibe un reconocimiento tangible, es fácil que usted llegue a cuestionar su propio valor.

En su libro *Regalo del mar*, Anne Morrow Lindbergh describe en estos términos el dilema que se le plantea a la mujer:

> En el quehacer doméstico no hay un jefe que te ascienda, y rara vez nos alaban los demás para demostrarnos que hemos alcanzado nuestro objetivo. Salvo en lo que se refiere a sus hijos, las obras de la mujer resultan invisibles, especialmente hoy en día. Nos esforzamos por cumplir con un arreglo formal integrado por los mil detalles dispares de las labores domésticas, la rutina familiar y la vida social. Es como una especie de intrincado juego de la cuna que manipulamos con nuestros propios dedos sirviéndonos de hilos invisibles. ¿Quién identificará como obra esta constante mezcolanza de obligaciones cotidianas, idas y venidas, y fragmentos de relación humana? En gran medida, resulta tan automática que nos es difícil incluso concebirla como actividad útil. La propia mujer comienza a sentirse como si fuera una centralita telefónica o una lavandería automática.[1]

Una mamá de preescolares, cansada de sentirse poco valiosa, decidió demostrarle a su esposo que lo que ella hacía *valía la*

---

1 Anne Morrow Lindbergh: *Regalo del mar*, CIRCE, Barcelona, 1994, pp. 49-50.

pena sencillamente dejando de hacerlo por un día.

— ¿Qué pasó aquí hoy? — preguntó su esposo al entrar.

La cocina estaba atestada de platos sucios, emparedados a medio comer y cereal derramado por el piso.

Sentada en un sofá en medio de una pila de juguetes y periódicos, ella le respondió:

— Siempre estás preguntándome lo que hago todo el día, de modo que decidí no hacer nada.

LO QUE "ELLOS" DICEN ACERCA DE LA TAREA DE SER MAMÁ

Quizá la necesidad de hallar sentido en lo que hacen es tan importante para las madres de niños pequeños porque están inmersas en una cultura que está confundida acerca del valor de la tarea de criar hijos. En los últimos cincuenta años, las opiniones acerca de la importancia de ser madre y del valor de su tarea han cambiado mucho.

Mientras el péndulo oscila, las madres se sienten perplejas respecto al valor de su tarea. Algunas se esfuerzan por cumplir con su papel desde la mañana hasta la noche; el hogar es el único lugar donde despliegan su vocación. Otras delegan algunas responsabilidades maternales a otras personas por algunas horas del día o de la noche. Pero todas las personas que tienen hijos para educar, enfrentan el desafío de invertir tiempo y energía en la vida de sus niños.

Cualquiera que sea la relación que tengamos con nuestros bebés, nuestros infantes, nuestros niños en edad escolar o nuestros adolescentes, el mundo que nos rodea nos va a acosar con dos mensajes inconfundibles.

La tarea de atender el hogar no se considera un "trabajo"

Si usted es ama de casa, y sólo ama de casa, la sociedad afirma que usted no trabaja. Aun cuando realice alguna actividad laboral, sea en leyes, contabilidad o decoración de ambientes, desde la oficina de su propia casa, el lado doméstico de su jornada diaria no se considera como "trabajo".

Hace tiempo, el estado de California respondió de forma oficial a una mujer que deseaba presentar su candidatura en el Congreso que su condición de madre y ama de casa no se consideraba como trabajo. Ya que no recibía una remuneración económica, la tarea de atender el hogar no se reconocía en la candidatura como una ocupación formal.

No hay lugar a dudas: cuidar a los hijos no es un trabajo. Es un papel biológico. Como ser mujer. Como ser niño. Simplemente, usted es madre. Todo el día. En las altas horas de la noche, y una vez más apenas amanece. Cuando está enferma y cuando está sana. Cuando siente deseos y cuando se siente sin deseos. Usted es madre. Pero no trabaja de madre.

No encontrará la tarea de criar a los hijos en el curriculum vitae que presenta la mayoría de las mujeres, a pesar de que la mayoría de las que trabajan también son madres y han dedicado muchos años a la tarea de formar hijos. Y aunque la tarea sea cumplida con mucha fidelidad, de tiempo completo y a lo largo de toda la vida, rara vez se menciona en las notas necrológicas.

Nuestra sociedad no considera la tarea de criar hijos como un trabajo. En ese sentido, tampoco se considera como trabajo la tarea del padre con relación a los hijos. La dedicación a formar y atender una familia no es valorada por el mundo. Es un tanto difícil darle importancia a la mayor inversión de nuestra vida, cuando la cultura en la que vivimos no la considera "un trabajo". Por conclusión lógica, lo que no es trabajo es recreación. O se trata de algo opcional. O algo fácil. En todo caso, no importa mucho. No tiene significado ni le da a la persona que lo realiza de un sentido de valía.

La tarea de criar hijos no se considera como una "habilidad"

En la cultura contemporánea, ser madre es como pertenecer al escalón inferior de la cadena alimenticia. Como señala Joan France en el periódico *Newsweek*: "Esta sociedad no respeta ni recompensa la capacidad de nutrir."[1] Eche una mirada a las ofertas laborales en la actualidad. Se producen muchas vacantes en todas las profesiones de servicio; particularmente en la de enfermería y la de enseñanza.

Así también se subestiman las habilidades maternales, en las que se invierte tiempo y energía en la vida de

Necesito saber que lo que estoy haciendo tiene sentido y es importante. Van a pasar años antes que pueda ver algún resultado de mi esfuerzo.

— ✿ —

Necesito confirmación de que las elecciones que hice valen la pena, sobre todo cuando debo limpiar el piso de la cocina por tercera vez, o quedarme en casa con un niño enfermo.

quienes no pueden valerse por sí mismos. Un periódico comentaba que una mujer dudaba respecto a tener o no hijos, y decía:

---

1 Joan France: "A 'Caretaker' Generation", en *Newsweek*, 29 de enero de 1990, p. 16.

"Mi esposo y yo estamos tratando de decidir si comprar una mascota o tener un hijo. Todavía no sabemos si arruinar las alfombras o arruinarnos la vida."

Estamos rodeados de mensajes contundentes que expresan que la tarea de cuidar una familia no es otra cosa que un pasatiempo costoso. Poca felicitación o estímulo se les ofrece a quienes invierten su vida en la vida de sus hijos, canjeando plenitud personal por el bienestar de futuros adultos.

El mensaje es fuerte. Ocuparse de los hijos no es considerado como un trabajo ni valorado como una destreza. No tiene por qué asombrarnos que las madres se pregunten si vale la pena dedicar la vida a los hijos. No debiera sorprendernos que cuestionen su propia valía.

EL APORTE ESPECIAL DE LAS MADRES

Para poder reconocer plenamente la influencia de la tarea de criar hijos, debemos aprender a redefinir el valor de esa función. No se relaciona con la entrega de un cheque de pago o con un ascenso profesional. El valor de educar una familia se descubre en la paz mental que se alcanza cuando uno sabe que está haciendo lo mejor que puede con lo que se le ha confiado. La tarea de la crianza es importante en varios sentidos.

La maternidad afecta la vida de su hijo

Usted es la madre que su hijo necesita. Dios la ha elegido para ese trabajo. Nadie más en este mundo puede significar para su niño más de lo que usted significa para él.

Usted influye en el desarrollo físico de su hijo

La primera infancia es una etapa crítica de la vida. En realidad, según los estudios científicos de la actualidad, esos años fugaces son aún más cruciales de lo que hasta aquí sabíamos. Las investigaciones nos dicen que el ambiente de un niño desde el nacimiento hasta los tres años de edad determina la estructura de su cerebro y define su capacidad de aprender.

Un informe de la Corporación Carnegie, en 1994, establece que el desarrollo cerebral durante el primer año de vida es:

• más veloz y expansivo,

• más susceptible al ambiente y

- de efecto más perdurable de lo que hasta aquí se había reconocido.

Más adelante, este estudio afirma:

- El ambiente afecta la cantidad total de células cerebrales, las conexiones entre ellas y el tipo de conexiones que se establecen.

- El estrés a temprana edad tiene un efecto negativo en el desarrollo cerebral.

Este estudio por tres años muestra que millones de pequeños están tan carentes de cuidados médicos, afecto y estímulo intelectual que eso amenaza la posibilidad de tener una edad adulta saludable.[1] Su tarea como madre influye en el desarrollo físico de su hijo.

Usted influye en el desarrollo emocional de su hijo

La capacidad de su hijo para aprender, así como su capacidad para amar, es influenciada a esta temprana edad. El amor generoso de una madre construye el fundamento de la capacidad del niño para amar a otros, para aprender y para adaptarse a su ambiente.

En una disertación en la Convención Internacional de Liderazgo de MOPS, en 1994, la especialista y escritora Jeanne Hendricks dijo: "Para el niño recién nacido, las personas que lo rodean son todo. La primera destreza social se adquiere cuando el bebé es capaz de encontrar y sostener la mirada del adulto, durante la etapa que llamamos de 'alerta silenciosa'. Usted nunca olvidará este gesto, una vez que lo haya experimentado. Es esa mirada del pequeñito, que expresa: '¿Puedo confiar en ti?' La primera asignación del desarrollo de un niño recién nacido es averiguar si este mundo es un lugar seguro: '¿Seré aceptado y amado?'"

En la misma dirección, otros expertos en el desarrollo infantil nos dicen que es el vínculo seguro con su madre lo que establece el cimiento para toda la estructura de la personalidad y la identidad del niño. El progenitor y el niño cooperan para crear ese individuo que podrá mirarse al espejo y exclamar deleitado: "¡Ese soy yo!"

Según Sandra Pipp, profesora de psicología y auxiliar de esa cátedra en la Universidad de Colorado, "los pequeños que tienen un fuerte vínculo con el padre y la madre tienen una percepción más amplia de sí mismos y de los demás que los niños cuyos vínculos son

---

1 *Starting Points: The Report on the Carnegie Task Force on Meeting the Needs of Young Children*, Corporación Carnegie, Nueva York, abril de 1994.

débiles con sus progenitores. Los niños entre uno y tres años que tienen vínculos firmes, pueden relacionarse consigo mismos y con sus padres en más maneras que aquellos cuyos lazos son inestables".[1]

Sigmund Freud, escribiendo hace un siglo, describía la relación entre un niño pequeño y su madre como "única, sin paralelo, establecida de manera inalterable para toda la vida como el primer y más fuerte objeto de afecto y como el prototipo de todas las relaciones posteriores afectivas con ambos sexos".[2] Aun antes, estas palabras aparecieron en *La República* de Platón: "Sabes bien que la primera parte es la más importante en cualquier tarea, sobre todo cuando se refiere a una criatura joven y tierna; porque ese es el momento en el que se forma el carácter, y la impresión que se busca hacer se graba más."

La mamá no sólo nutre el ser físico de su hijito sino también el ser emocional y el alma del niño. Cuando no le damos el valor adecuado a la contribución que hace una madre a la vida del niño, sobre todo en sus primeros años de vida, es porque no tomamos en cuenta el papel vital que cumple en el desarrollo del pequeño. La doctora Marianne Neifert, muy conocida como "Doctora Mamá", evalúa retrospectivamente su incapacidad para forjar lazos con algunos de sus hijos, y declara con franqueza: "Hay algo muy anormal respecto a separar a las madres de sus bebés. Debemos dejar de maravillarnos de las madres que salen del hogar . . . Un bebé tiene derecho a su mamá."[3]

La tarea de una madre repercute en su propia vida

En el proceso de adaptarnos a la tarea de ser madre, a menudo no entendemos el efecto que hace nuestra función. Pero poco a poco se hace más evidente la manera como influimos en la vida de nuestros hijos.

¿Tiene alguna importancia que una mamá dé la espalda y se vuelva a dormir, sin tomar en consideración al pequeño de tres meses que se ha despertado a las dos de la mañana? ¿Tiene alguna importancia que una mamá se siente en el portal de su casa y mire sin perturbarse cómo su pequeño que apenas camina sale tras una pelota hacia la calle transitada, y no piense levantarse para detenerlo? ¿Qué importancia tiene que una mamá no mire las califica-

1 Sandra Pipp en Mary McArthur, "¿Bebé de quién eres tú?", en *Colorado Alumnus*, diciembre de 1993, p. 5.
2 Sigmund Freud, *Outline of Psychoanalysis SE 23*, Hogarth Press, Londres, 1940, p. 188.
3 Dra. Marianne Neifert en Betty Johnson, "The Juggling Act of Dr. Mom" en *Virtue*, marzo y abril de 1994, p. 38.

ciones con muchos excelentes que le muestra su hija perfeccionista de sólo once años de edad porque, a fin de cuentas, siempre trae buenas notas? ¿Qué importancia tiene que una mamá respete la privacidad de su hijo adolescente cuando encuentra en el cajón de su escritorio algo que parece ser cocaína?

Es importante la tarea de una madre. En la medida que nos dediquemos por completo durante la edad de formación, cuando el niño depende absolutamente de los padres para su desarrollo, cosecharemos los beneficios más tarde en la vida, por el gozo de vivir con un niño más seguro e independiente.

En su discurso para la promoción que se graduaba en 1990 en la Universidad Wellesley, la entonces primera dama, Bárbara Bush, fue fervorosamente aplaudida por las siguientes palabras: "Al final de su vida, no se reprocharán el no haber dado un examen más, o el no haber ganado un certamen o un concurso más, o el no haber concretado un acuerdo laboral más; pero sí lamentarán el tiempo que no pasaron con su cónyuge, con un amigo, con un hijo o con un padre."

La tarea de educar hijos influye en el mundo

La crianza de los hijos es importante porque "el hoy influye en el mañana". Nos hemos acostumbrado a aplicar ese lema a la conservación de nuestro planeta. Sería sabio aplicar la verdad de que el presente influye en el futuro a nuestra tarea como madres.

Al concluir su conferencia a los líderes de MOPS en 1994, Jeanne Hendricks advirtió que estamos más preocupados por contribuir a que haya un mundo mejor para nuestros hijos que lo que estamos por contribuir con mejores hijos para nuestro mundo. La crianza no sólo influye en el niño y en la madre, sino también en el mundo en el que viven. León Tolstoi escribió en *The Lion and the Honeycomb* [El león y el panal de miel]: "Así es, mujeres, madres: En sus manos, más que en las de ninguna otra persona, radica la salvación del mundo."

Pasos Prácticos

PASO PRÁCTICO Nº 1:

Elabore su propia descripción de trabajo como madre

Escriba una descripción de trabajo para sí misma como madre. Una mamá describe los requisitos necesarios de la siguiente manera: "La tarea de ser una mamá de tiempo completo requiere la originalidad de Tomás Edison, la diplomacia de Henry Kissinger y la paciencia de la Madre Teresa."[1]

Un grupo afiliado a MOPS, en Hamilton, Nueva Zelanda, escribió la siguiente descripción, redactada en la forma de un aviso publicitario:

VACANTES: AMA DE CASA / MADRE
Se ofrecen vacantes para el cargo de gerente de un dinámico equipo de cuatro personas muy exigentes.

Quien obtenga el cargo debe desempeñarse en las siguientes funciones: compañera, consejera, administradora del dinero, encargada de compras, maestra, enfermera, cocinera, nutricionista, decoradora, encargada de limpieza, chofer, supervisora de la atención de niños, secretaria de relaciones sociales y líder de recreación. Las postulantes deben poseer energía ilimitada y un fuerte sentido de responsabilidad. Debe ser una persona autónoma, con motivación propia y capaz de trabajar en aislamiento y sin supervisión; debe poder desempeñarse bajo situaciones de estrés, y ser lo bastante adaptable como para acompañar el desarrollo en la vida personal de los miembros del equipo, incluso en situaciones de emergencia y crisis. Debe poder comunicarse con personas de todas las edades, incluso maestros, médicos, personas de negocio, dentistas, adolescentes y niños. Se requiere que posea buena imaginación, sensibilidad, afecto y disposición a comprender a las personas, ya que la postulante que acepte el cargo será también responsable del bienestar mental y emocional del equipo.

. DEDICACIÓN: Todas las horas diurnas, y turnos de veinticuatro horas cuando sea necesario.

BENEFICIOS DEL CARGO: No se garantizan vacaciones, licencias por enfermedad ni por maternidad. No se otorgan compensaciones laborales.

SALARIO: Ninguno. El dinero para gastos personales se convendrá periódicamente con el miembro del equipo responsable de obtener los ingresos. La postulante que reciba el cargo podrá mantener un segundo trabajo además del que se ofrece, y en caso de necesidad se podrá requerir que lo haga.

¿Cómo haría una versión modificada de este aviso? ¿Le ayuda a reconocer y valorar sus capacidades?

---

1 Jan Johnson, "Stay at Home Moms", *Virtue*, enero y febrero de 1990, p. 32.

PASO PRÁCTICO Nº 2:

Enumere las habilidades adquiridas
durante el ejercicio de la maternidad

A veces imaginamos que lo que hacemos "no tiene ningún valor" porque dedicamos una enorme cantidad de tiempo a actividades que no pueden medirse. Sin embargo, cuando usted dedique tiempo para anotar todo lo que está ganando a través de su actividad, se sentirá estimulada al ver cuánto crecen sus habilidades a través de lo que hace. Considere cuáles de las siguientes cualidades ya posee, y luego agregue otras a la lista:

- La capacidad de trabajar sin supervisión, a menudo bajo condiciones de estrés y con distracciones permanentes.

- La capacidad de comunicarse bien con personas de todas las edades y niveles.

- La capacidad de imaginar recursos, planificar y coordinar actividades con varias distintas personas.

- La capacidad de manejar conflictos con una actitud paciente.[1]

PASO PRÁCTICO Nº 3:

Aprenda a verse a sí misma como una "persona clave"

La próxima vez que se sienta tentada a pensar que usted no vale gran cosa o que lo que hace como madre no es muy importante, piense en lo siguiente:

Usted es una persona clave

Xunque mi mxquinx de escribir es un modelo xnticuxdo, trxbxjx bien, con lx excepción de unx teclx. Uno pudierx pensxr que si todxs lxs demxs teclxs estxn funcionxndo bien, nxdie se dxríx cuentx que unx teclx no funcionx; pero pxrecceríx que unx solx teclx es cxpxz de xrruinxr todo el esfuerzo rexlizxdo.

Quizxs se digx x sí mismx: "Que importx, soy unx solx personx y nxdie se dxrx cuentx si hxgo o no lo posible porque mi txrex se rexlice con el mxximo de excelencix."

No obstxnte, sí xfectx porque pxrx ser eficxz unx orgxnizxcion necesitx lx pxrticipxción xctivx de cxdx uno de sus integrxntes, brindxndo el mxximo de sus cxpxcidxdes.

---

1   Juanita Fletcher, "Rostrum", en *U.S. News and World Report*, 8 de agosto de 1988, p. 8.

De mxnerx que lx próximx vez que usted piense que no es importxnte, recuerde mi viejx mxquinx de escribir. ¡Usted es unx personx clxve![1]

La próxima vez que se sienta insignificante, conviértase usted mismo en la "X" de la escena. Si evade los preparativos de Navidad o de esos primeros momentos en que se despierta cada mañana, ¿qué ocurre? Usted es una persona clave. Usted es la madre de sus hijos porque Dios la ha elegido para ellos.

PASO PRÁCTICO N° 4:

Dios valora a las madres

De la infinita gama de posibilidades creativas, Dios creó el modelo de la familia en la que los niños nacen y son nutridos y en la cual las madres juegan un papel clave. Busque los siguientes ejemplos de madres en la Biblia: Eva (Génesis 1); Sara (Génesis 16—18); Ana (1 Samuel 1) y María (Lucas 1).

- ¿Piensa que ellas alguna vez se preguntaron sobre la importancia del papel que desempeñaron como madres?

- A través de esos ejemplos, ¿cómo muestra Dios que Él valora a estas y a todas las madres?

PASO PRÁCTICO N° 5:

Los niños valoran a las madres

En alguna circunstancia en la que se pregunte si usted significa algo para sus hijos, lea lo siguiente:

Todos sabemos que una buena madre da a sus hijos un sentimiento de confianza y estabilidad. Ella es la persona con la cual pueden contar en los asuntos más importantes de la vida. Ella es su alimento y su regazo para dormir y la frazada adicional cuando hace frío de noche; ella es calidez y salud y refugio; es con quien quieren estar cuando lloran. Ella es la única persona en todo el mundo, y en todo el transcurso de la vida, que puede hacer esas cosas por sus hijos. No hay nadie que pueda sustituirla. De alguna manera, hasta su vestimenta tiene para sus hijos una sensación diferente que la ropa de otras personas. Apenas rozar su falda o su blusa hace que un niño afligido se tranquilice.

Katherine Butler Hathaway

1 Citado en Bob Kelly, *Reflections*, 1990.

Máxima para las madres

La crianza de los hijos es importante... porque el presente influye en el futuro.

Identidad:

A veces no sé muy bien quién soy

Carolina desplazó el peso del bebé sobre una cadera, y con la misma sostuvo abierta la puerta de la peluquería mientras pasaba su pequeño de tres años de edad.

— ¡Vaya! — exclamó mientras depositaba su carga y empezaba a quitar los abrigos de ambos niños —. ¡Lo logré! — siguió diciéndole entre risas a la recepcionista —. Hace una hora no estaba tan segura. Vestí a todo el mundo, pero luego Bruno volcó el desayuno por el piso de la cocina y la pequeña Alicia, de cuatro meses, volvió a ensuciar los pañales. De modo que tuve que empezar todo de nuevo. Pero aquí estamos, y apenas cinco minutos tarde. ¡Bastante bien!

La recepcionista le devolvió la sonrisa y llevó a Carolina, Bruno y la pequeña Alicia hasta donde estaba Patricia, que saludó con entusiasmo a la pandilla.

— ¡Eh, Bruno! Aquí hay un rincón especial para ti. Puedes entretener a tu hermanita mientras le corto el cabello a tu mamá. ¿Está bien, compañerito?

El rostro de Bruno se iluminó con la importancia que le asignaban como hermano mayor. Se colocó frente a su hermanita, todavía sujeta a la sillita de bebé, y comenzó a hablarle con sonidos infantiles.

— Estoy muy contenta de estar aquí — le dijo Carolina a Patricia —. El estado de mi cabello me estaba poniendo loca. Sólo espero que los chicos se queden tranquilos los próximos quince minutos.

— Lo estarán — le aseguró Patricia —. Tienes unos hijos

extraordinarios — continuó, mientras reclinaba a Carolina en el sillón para lavarle la cabeza.

Mientras le enjabonaba el cabello, el cumplido de Patricia penetró en los músculos cansados de Carolina como un ungüento suavizante. Sí, eran niños buenos, y ella los amaba más que a la vida misma.

Con la cabeza enjuagada y envuelta en una toalla, Carolina dio unos pasos por encima de los juguetes hacia el sillón para el corte, donde Patricia le abrochó el delantal, y luego fue a atender una llamada telefónica.

— Vuelvo en seguida — dijo, mientras giraba el sillón para dejar a Carolina frente al espejo.

Al mirarse, Carolina podía ver a Bruno jugando con la pequeña Alicia. Se inclinó y le hizo muecas a su hermanita con la lengua, de la misma forma en que lo hacía su mamá. La bebé se retorcía entre risitas. Carolina sonrió y volvió la mirada hacia su propia imagen en el espejo.

¡Ay! — pensó —. *Debí haberme maquillado un poco. Pero no tuve tiempo. Nunca hay tiempo, nunca lo habrá.* Suspiró mientras se miraba. ¿Cuándo fue la última vez que de veras se había *mirado* a sí misma? Con el cabello mojado y estirado hacia atrás, podía percibir las nuevas arrugas en la frente. Apenas se reconocía. *¿Así me veo ahora?*, se preguntó asombrada.

De pronto sintió un escalofrío y descubrió que desde el espejo la miraba, no una imagen cansada y un poco más avejentada de sí misma, sino alguien diferente, alguien que le resultaba familiar pero que no lograba identificar. Se acercó un poco. No era un rasgo en particular, sino la expresión como un todo. De repente, se dio cuenta. Mirándola desde el espejo estaba el rostro de su propia madre.

Suspiró, dio una rápida mirada de control a Bruno y a Alicia, y luego volvió a mirar en el espejo. *¿Quién eres?* — le preguntó al reflejo —. *¿Quién soy de ahora en adelante?*

NO SÉ MUY BIEN QUIÉN SOY

Sea que tengamos doce años o veinte, treinta y dos o cuarenta y siete, seguimos preguntándonos: "¿Quién soy?" En algunas etapas de la vida, nos hacemos la pregunta con entusiasmo y nos sumergimos en una batalla mental hasta que obtenemos una respuesta satisfactoria. Pero para una mamá de niños pequeños, esta pregunta puede ser un poco atemorizante. Enredadas en nuestras funciones y responsabilidades, la respuesta parece eludirnos.

Con todo lo nuevo que nos trae el ser madres, necesitamos volver a definirnos. Debemos encontrar y aceptar la clase de definición de nuestra persona que podrá sostenernos durante esta etapa en que nos

¿Quién soy? ¡Ja! ¿Fácil, verdad? Soy una mamá. Soy una esposa. Soy alguien que satisface las necesidades de otros. Soy una cocinera. Soy una máquina de fabricar leche. Soy una lavandera. Soy una persona agotada. Soy... no estoy muy segura qué más responder.

— ✍ —

No sabía que tendría que renunciar a tanto de mí misma.

— ✍ —

Soy alrededor de un noventa y nueve por ciento mamá y sólo uno por ciento yo misma.

sentimos tironeadas, presionadas, agotadas y, a veces, incluso, vencidas por la responsabilidad de cuidar de otros. Aunque la mayoría disfruta de lo que está haciendo, lo cierto es que nos sentimos como Carolina, enfrentadas de repente a la pregunta que inevitablemente toda madre primeriza se hace: "¿Quién soy *ahora*?"

¿QUIÉN SOY?

Una madre tiende con más facilidad a definirse a sí misma en términos de sus circunstancias externas. Se mira al espejo y, en lugar de ver ese reflejo como la imagen de una persona con derecho de ser ella misma, lo que ve son las distintas facetas de su vida mirándola desde el reflejo.

A veces temo que algún día me despierte y me olvide completamente de quién soy; que perderé toda mi identidad ante todos los papeles que cumplo veinticuatro horas por día, siete días por semana.

— ✍ —

Esta cosa de ser mamá en realidad me ha afectado profundamente. No tengo idea de quién soy, ni siquiera después de cinco pruebas de personalidad. Hay una sensación amenazante de que si no lo entiendo pronto, voy a arruinar tres vidas jóvenes.

Soy lo que hago

Cuando está en una actividad en el colegio o se sienta en la congregación junto a una persona desconocida que le pregunta "¿Qué hace usted?", es probable que una mujer se rotule a sí misma en términos de una relación o una descripción de trabajo: "Soy la mamá de Betina"; "Soy la esposa de Tomás"; "Soy contadora"; "Soy consultora de medio tiempo".

Para las madres que se quedan en casa a atender los hijos, una simple conversación de presentación a menudo las hace estremecer:

> *Llego a conocer a una mujer que se presenta entregándome su tarjeta profesional y luego me pregunta lo que hago, y no sé qué responderle.*

Una de estas mujeres que-se-quedan-en-casa asistió a una cena muy elegante con su esposo. Mientras conversaba con los clientes, ella oyó que las distintas personas se definían a sí mismas haciendo referencia a importantes títulos laborales. De modo que se armó a sí misma con una importante respuesta. No pasó mucho tiempo y alguien le preguntó:

— Y *usted*, ¿qué hace?

— ¡Soy gerente y administradora de mi familia! — respondió con orgullo.

Soy lo que otros necesitan que sea

Esta etapa de la vida es un período de abnegación. Pero como madres, con frecuencia perdemos nuestra propia identidad en medio del abrumador proceso de querer satisfacer las necesidades de los demás y de sentirnos responsables de hacerlo.

Es como si dejáramos de existir para cualquier otra cosa, con excepción de la tarea de atender las necesidades de otros, y no sólo empezamos a definir nuestra identidad en esos términos sino que medimos nuestro valor e importancia de acuerdo con nuestra habilidad para satisfacer esas necesidades. Si mi bebé es bueno (duerme toda la noche, aprende a gatear o a caminar en la edad que corresponde, y se relaciona bien con otros niños), entonces me digo a mí mismo que he respondido bien a sus requerimientos y que soy buena. Si, en cambio, mi bebé es malo (llora a gritos cuando salgo de su habitación, le pega a otros niños, o tira mi reloj de pulsera por el inodoro), entonces me acuso a mí misma de no haber satisfecho sus necesidades y de ser mala.

Para la mamá que también es esposa, satisfacer las necesidades de su esposo también puede llegar a cobrar prioridad por sobre su propia identidad. Ella es la que presta atención a sus sueños. Ella es su fuente de inspiración y de pasión. Ella es la que se hace cargo de que él tenga camisas y calcetines limpios. Ella le aconseja sobre cómo relacionarse con los hijos y con otras parejas. Por lo tanto, cuando él tiene éxito, ella lo tiene. Cuando él fracasa, ella fracasa. Lo que él piensa, ella piensa. Su identidad puede llegar ser una simple extensión de la identidad de su esposo.

Si bien esto puede parecer una simplificación del tema, lo cierto es que a menudo podemos llegar a confundir nuestra identidad con la función que desempeñamos cuando respondemos a las necesidades de otros.

Soy lo que logro realizar

Como dijimos en el capítulo anterior, muchas de nosotras nos convencemos de que lo que somos es lo que hacemos. "Soy pintora; aquí está lo que pinto." "Soy contadora; aquí está mi lista de clientes." Nos sentimos valorizadas por el resultado de nuestros esfuerzos. En una etapa de la vida en la que podemos realizar muy poco más que ir al mercado o mantener limpia la cocina y los pañales, no es conveniente relacionar la identidad con los logros de lo que realizamos.

Soy lo que he experimentado

Otra figura parcial de nuestra identidad es la que tomamos del pasado. Desde el momento en que nosotras mismas éramos amamantadas en los brazos de nuestra madre, con los ojos fijos en ella, distante apenas unos centímetros de los nuestros, estamos constantemente absorbiendo mensajes que nos dicen quién somos. Nuestra mamá llega a ser el espejo que nos confiere identidad. Su reconocimiento o su crítica, su paciencia o su impaciencia, su aprobación o su desaprobación, nos devuelven una imagen de quiénes somos. Eso ocurre también con nuestro papá. Él llega a casa, deja caer su portafolio en el sillón y nos levanta en sus brazos, devolviéndonos el reflejo de lo importantes que somos para él. O puede ser que nos haga a un lado para concentrarse en el periódico, y llegamos a la conclusión de que no valemos nada en absoluto.

Nuestros hermanos y el lugar que ocupamos en el orden de los nacimientos en la familia describen nuestra ubicación en el esquema de la vida. Como hijos primogénitos, a menudo interpretamos ese sitio de primer orden como reflejo de nuestra propia superioridad. Si somos segundos, sentimos competencia y amor condicionado de parte de los que están por encima de nosotros. Los hermanos de sexo contrario al nuestro desafían nuestra identidad sexual en tanto que los del mismo sexo la refuerzan.

Las mujeres que hemos experimentado algún trauma en el pasado a menudo vivimos el presente con una identidad que sigue marcada por esas heridas. Como esos espejos esféricos suspendidos en el techo de un teatro, el pasado doloroso dispersa reflejos de imágenes rotas, y nos deja sin saber en realidad quién fuimos antes, quién somos ahora, y quién llegaremos a ser.

Todos esos espejos no muestran más que fracciones de nuestra identidad. Ni siquiera es suficiente combinar todas nuestras responsabilidades, nuestras actividades y nuestro pasado. Quién somos es más que cualquiera de las partes y aun más que la suma de todas ellas.

¿QUIÉN *NO* SOY?

Así como los espejos a nuestro alrededor nos devuelven una imagen incompleta de nuestra identidad, también existe el riesgo de que nos devuelvan una imagen imprecisa, que nos impida comprender con certeza quiénes somos.

Para entender quién somos, necesitamos entender con claridad lo que *no* somos.

No soy mis hijos

En este período en que constantemente estamos dando, cuando nuestros hijos dependen casi por completo de nosotras, obtenemos parte de nuestra autoestima a partir de la conducta y los logros que ellos manifiestan. Pero en ese proceso, las líneas de distinción pueden tornarse borrosas. Tenemos que acordarnos de que somos seres distintos. La meta de nuestra función como madres, en realidad, es reforzar cada instante la autonomía de nuestros hijos. Como escribió el psicólogo Eric Fromm: "En el marco del amor materno, dos personas que eran una sola llegan a ser dos individuos distintos."[1]

No soy mi madre

Quizás uno de los mayores golpes de la maternidad es mirarnos y descubrir los rasgos de nuestra propia madre: "Cuando da a luz,

---

1 Eric Fromm, *The Art of Living*, Harper & Row, Nueva York, 1956, p. 43.

una madre se enfrenta de repente a su propia historia de crianza. Reflexiona en su pasado como bebé mientras atiende a su propio hijo. Más aún, cuando es madre por primera vez, una mujer llega a identificarse plenamente con su madre.[1]

Las madres de niños pequeños deben tratar con esta etapa del desarrollo de su propia identidad. Sin duda, cada una de nosotras posee algunas de las cualidades que caracterizan a nuestra madre. Pero al mismo tiempo, cada una es única. Una verdad fundamental es que "parecido a" no significa "igual a". Si bien usted pudo haber heredado la estructura ósea de su mamá, no necesita ser igual a ella en su temperamento. Quizá recibió de ella un talento creativo, pero no necesita repetir su mal hábito de rezongar constantemente.

Es posible que se parezca a su mamá en algunos aspectos, pero usted *no* es su mamá. Tampoco es su suegra ni su abuela ni su madrastra.

No soy mi hermana ni mi vecina ni ninguna otra mujer

Por supuesto, su hermana mayor ya domina esta cuestión de ser madre. Ya lleva ocho años más que usted en el oficio. Y la super mamá que vive en la casa vecina probablemente *parece* saber perfectamente de qué se trata. Pero me atrevo a apostar que bajo el maquillaje cuidadoso y la casa pulcra, todavía lucha con algún aspecto de la tarea cotidiana. No se deje engañar por las apariencias.

"Comparar" significa examinar características y cualidades para determinar diferencias y similitudes. Eso es saludable; todas podemos mejorar en nuestras cualidades y habilidades. Pero cuando usamos las comparaciones para determinar nuestro valor como personas, estamos volviendo la vista en la dirección equivocada. Nuestro valor no depende de cuánto medimos en comparación con otra persona. Usted no es su hermana ni su vecina ni nadie más a quien usted admira.

¿QUIÉN SOY EN REALIDAD?

Si es más que la suma de todas sus responsabilidades y relaciones, más que sus logros y más que su pasado, y si usted sabe quién no es, entonces, ¿quién es en realidad? La pregunta todavía

---

1 B. J. Cohler y H. V. Grunebaum, *Mothers, Grandmothers and Daughters*, Wiley, Nueva York, 1981. En Brenda Hunter, *Home by Choice*, Multnomah Press, Portland, OR, 1993, p. 32.

requiere una respuesta. Y la verdad es más simple, más grandiosa y más permanente que cualquiera de estas consideraciones parciales o incorrectas.

Nuestra verdadera identidad no la obtenemos mirando en espejos a nuestra misma altura que nos devuelven nuestro propio reflejo, el de nuestra mamá o el de nuestro pasado, sino mirando hacia arriba, hacia Dios. Cuando nos contemplamos en su rostro, empezamos a desarrollar la auténtica imagen de lo que somos. Él nos creó en su imagen.

John Trent lo expresó de esta manera:

> ¿Sabía usted que hay un espejo milagroso al que puede recurrir en cualquier momento, y que le devolverá la imagen más esplendorosa y virtuosa de su persona? Es un espejo fantástico... pero también es una realidad firme e inamovible como una roca. Sólo abra su Biblia en 2 Corintios 3:18 y encontrará un espejo que le revelará sus puntos fuertes y apuntará hacia la persona a la que más anhela parecerse.[1]

En su libro *La sensación de ser alguien*, Maurice Wagner sugiere que todas las imágenes tienen alguna relación con el objeto al que representan. En otras palabras, Dios nos creó para representarlo. Él puso la impresión de su pulgar sobre nuestro ser, y por medio de nuestra relación con Él empezamos a saber, a entender y a aceptar quién somos. Para algunas personas, este es un proceso muy desafiante.

No soy quien pensaba que era. Durante la mayor parte de mi vida como adolescente y como adulta, he estado actuando escondida detrás de máscaras de lo que anhelaba ser. Pero ahora Dios sostiene un espejo delante de mis ojos y me ayuda a ver lo que en realidad soy.

La meta es descubrir nuestra verdadera identidad a los ojos de Dios, porque la Biblia promete que la verdad nos hará libres (Juan 8:32). La Biblia nos da tres verdades fundamentales que nos dicen quién somos. Cuando las lea, reflexione de qué manera se aplican a usted.

Soy única

Dios crea a cada persona como un ser único. Usted es *usted*,

---

1 John Trent, *Life Mapping*, Enfoque a la Familia, Colorado Springs, CO, 1994, p. 81.

una combinación exclusiva de rasgos de personalidad, estructura física, talentos y habilidades. Usted es una persona extrovertida o introvertida, de hábitos diurnos o nocturnos, de huesos largos o cortos; la lista podría ser larguísima. Otros podrán tener rasgos similares pero nadie es exactamente como usted. Dios la ha creado como un ser único . . . para ser quien es.

¿Necesita prueba científica de lo que estamos diciendo? El sistema judicial ha usado por mucho tiempo el análisis de la huella digital para identificar a las personas, porque no hay dos iguales. En la actualidad, la investigación sobre el DNA nos revela que las partes más pequeñas de nuestro cuerpo (muestras de cabello o escamas de la piel, por ejemplo) pueden identificar a un individuo con la misma precisión que la huella digital.

Una mamá puede reconocer sin vacilación la peculiaridad de sus hijos. No hay dos hermanos exactamente iguales. Aunque sean educados en un mismo ambiente, uno de ellos será obstinado y el otro dócil. Uno disfruta comiendo todo lo que le ofrecen, otro selecciona la comida. Sin embargo, ¿sabe reconocer y aceptar con la misma rapidez la exclusividad de su propia persona? Cada persona es una combinación peculiar de herencia y ambiente que, al entretejerse, definen el cuadro de quién somos: un ser creado a la imagen de Dios para sus exclusivos propósitos.

Usted es única.

Soy imperfecta

Cada una de nosotras, no importa cuánto nos esforcemos, queda por debajo del nivel de la perfección y, por lo general, esa imperfección se hace más evidente en el contexto de las relaciones más íntimas. Procuramos ser buenas madres; pero a veces lo que vemos como resultado nos sorprende . . . y nos decepciona.

No soy lo que pensaba que era. Quería ser una mamá perfecta.

— ❧ —

Lo que más me sorprende respecto a ser mamá, es mi propia persona. Me asombra cómo me enojo y pierdo la paciencia con mis hijos.

Lo que descubrimos en el marco de las relaciones más cercanas es que no somos perfectas. Pero la verdad consoladora es que Dios sabe que somos imperfectas. En realidad, esa es la razón por la cual envió a su Hijo, Jesucristo, para morir por nosotras en la cruz y perdonar nuestra "imperfección". Vivir bajo la realidad de ese perdón nos da la fortaleza que necesitamos para seguir adelante, para perdonarnos y para aceptarnos.

Martha Thatcher escribe: "La verdad es que la lucha por llegar a aceptarnos a nosotras mismas muchas veces termina en la desilusión. Nos decepcionamos de nuestro carácter, de nuestras habilidades, de nuestra función en la vida; habíamos esperado algo distinto. No importa cuántos puntos a favor lleguemos a admitir respecto a nuestra persona, de todas maneras seguimos sintiéndonos frustradas respecto a lo que no hemos alcanzado."[1]

Llegar a aceptar lo que somos no implica que tenemos que conformarnos con nuestras imperfecciones. No necesitamos repetirnos una y otra vez los mensajes negativos hasta convencernos de nuestras carencias, como si fuera la estrategia para llegar a conocernos a nosotras mismas. Llegar a conocernos en realidad requiere que nos quitemos cualquier máscara y admitamos nuestras fallas. Esas debilidades también forman parte de la definición de quién somos.

En su libro *Ámate siquiera un poco*, Cecil Osborne escribe: "He visto que las personas que en realidad están contentas consigo mismas, sin considerar el papel que cumplen en la vida como esposos, esposas, padres o trabajadores, son las que han aprendido a ser honestas consigo mismas y que, en alguna medida, se comprenden a sí mismas."[2]

Usted es imperfecta. Usted es un ser humano falible que está en proceso de desarrollo. Usted cometerá errores. Perderá la paciencia y en ocasiones mostrará falta de caridad.

Soy una persona amada

Dios nos ama incondicionalmente, sin tomar en cuenta nuestro desempeño ni nuestra bondad ni nuestra habilidad para ser siempre una buena madre.

Uno de los pasajes más conocidos de la Biblia es Juan 3:16, donde dice: "Porque de tal manera amó Dios al mundo, que ha dado a su Hijo unigénito, para que todo aquel que en él cree, no se pierda, mas tenga vida eterna."

Reemplace la palabra *mundo* por su propio nombre en este versículo, y obtendrá el auténtico mensaje del amor de Dios hacia

1 Marta Thatcher, "The Most Difficult Love", en *Discipleship Journal 35*, 1986, p. 19.
2 Cecil Osborne, *Ámate siquiera un poco*, Editorial Caribe.

usted. En las palabras más sencillas, Dios afirma que somos personas amadas. En realidad, somos tan amadas que Dios mismo murió en la cruz por nosotros.

De manera que, sea que su mamá la haya amado o no, que su hijo la halague o no, o con qué frecuencia su esposo le repita que la quiere, usted es una persona amada.

COMO LLEGAR A CONOCERME A MÍ MISMA

Aprender a aplicar estas verdades a nuestra vida como madres de niños pequeños es un proceso. He aquí lo que esas verdades significan, en un listado simple:

Necesitamos conocernos como Dios nos conoce

Si nos conocemos a nosotras mismas, y reconocemos nuestras peculiaridades y nuestras imperfecciones, y si sabemos que Dios nos ama, somos libres para aceptarnos. Somos, inclusive, libres para amarnos a nosotras mismas. Dios nos dice que debemos amar a nuestro prójimo "como a nosotros mismos" (Mateo 22:39). Esto no implica una actitud soberbia y narcisista. Más bien, refleja una firme aceptación de quién somos. Es vernos a nosotras mismas como Dios nos ve. Esta es nuestra verdadera identidad, que nos libera de la culpa, de la depresión y del desánimo. Esta autoaceptación satisface una necesidad crítica que tienen las madres.

Necesitamos cuidar de nosotras mismas por el bien de nuestros hijos

La escritora y madre, Valerie Bell, nos exhorta: "El hecho de tener hijos debe ser un estímulo para que los padres y las madres cuiden su estado emocional. A veces ocurre que satisfacemos las necesidades de nuestros hijos en la misma medida en que satisfacemos nuestras necesidades. Parece una paradoja pero es así. *Ocúpese de su salud emocional, por el bien de su hijo.* Si ama a su hijo, debe hacer todo el esfuerzo preventivo que esté a su alcance por evitar transferirle a él o a ella sus propios problemas. Y en el proceso, se estará haciendo a sí misma un enorme favor."[1]

1 Valerie Bell, *Getting Out of Your Kids' Faces and Into Their Hearts*, Zondervan, Grand Rapids, MI, 1994, p. 73.

Necesitamos aceptarnos a nosotras mismas
por el bien de nuestros hijos

Valerie Bell continúa diciendo: "Es difícil para un hijo confiar en un adulto que es como un péndulo emocional: afectuoso en un momento, airado y explosivo en otro. Un progenitor impredecible, que oscila entre extremos emocionales, es un padre o una madre inestable."[1]

Necesitamos aceptarnos a nosotras mismas
por el bien de los que nos rodean

Como ya hemos dicho, la regla de oro nos dice que amemos a nuestro prójimo como a nosotras mismas. La esencia de esta norma requiere que nos amemos. En realidad, si no lo hacemos, somos incapaces de amar de veras a otros.

¿Quién soy? La pregunta sigue pendiente a medida que vamos desarrollando y cambiando. ¿Cuál es el espejo que nos da la respuesta acertada, el que nos sostendrá a lo largo de las circunstancias cambiantes y los diversos papeles?

Los espejos "horizontales" le ayudarán a conocer aspectos de sí misma, cuando observe en el reflejo a su familia y su propio pasado. Pero es el espejo vertical, donde contempla a Dios, el que da la más auténtica imagen de quién es. Dios le recuerda quién es usted. Él le comunica la verdad que la hace libre para conocerse a sí misma, para aceptarse y, por lo tanto, para ser usted misma.

Pasos Prácticos

PASO PRÁCTICO Nº 1:

Procure conocerse a sí misma

En su libro *Ese increíble cristiano*, A. W. Tozer escribe respecto a la importancia de conocerse a sí mismo:

> Es un hecho que Dios nos conoce perfectamente (Salmo 139:1-6). Falta que nosotros nos conozcamos lo más acertadamente posible. Para eso, ofrezco algunas pautas para el autodescubrimiento. Si el resultado no es tal como usted lo desearía, por lo menos será mejor que nada. Podemos conocernos tomando en cuenta:
> *Lo que más anhelamos.* Sólo necesitamos serenarnos, prestar

atención a nuestros pensamientos. Esperemos que se aquiete ese suave entusiasmo que hay en nosotros y luego prestemos mucha atención para percibir el clamor quedo del anhelo. Pregúntese: ¿Qué más anhelas en el mundo? Rechace las respuestas sencillas y acostumbradas. Insista hasta obtener una respuesta auténtica, y cuando la haya escuchado, sabrá el tipo de persona que es.

Las cosas en las cuales más pensamos. Las necesidades de la vida nos fuerzan a pensar en muchas cosas, pero quién somos lo muestra aquello en lo cual pensamos voluntariamente. Es más que probable que nuestros pensamientos se centren en torno al tesoro secreto de nuestro corazón y, cualquiera que sea, nos revelará quién somos. "Donde esté vuestro tesoro estará vuestro corazón."

La manera como usamos nuestro dinero. No necesitamos considerar los aspectos en los cuales no tenemos libertad de elegir. Por lo pronto, debemos pagar los impuestos y cubrir las necesidades cotidianas para nosotros mismos y nuestra familia. Eso es cuestión de rutina y no dice mucho acerca de quién somos. Pero el dinero que queda, no importa cuánto sea, es para hacer lo que nos plazca, y lo que hagamos con él sin duda será muy revelador.

Lo que hacemos en nuestro tiempo libre. Una gran parte de nuestro tiempo ya está comprometido por las exigencias de la vida civilizada; pero todos tenemos alguna proporción de tiempo libre. Lo que hacemos con ese tiempo es decisivo. La mayor parte de las personas lo desperdicia mirando la televisión, escuchando la radio, leyendo noticias insignificantes o participando en conversaciones ociosas. Lo que hago con mi tiempo libre revela qué clase de persona soy.

La compañía con la cual disfrutamos. Hay una ley de atracción moral que acerca entre sí a las personas que se asemejan. "Dada la opción, las personas se acercaron a sus pares." Dónde vamos, cuando tenemos libertad para elegir dónde nos gustaría ir, es un infalible indicador de nuestra personalidad.

Las personas a quienes admiramos. Por mucho tiempo, he tenido la sospecha de que la gran mayoría de los cristianos evangélicos, a pesar de mantener cierto orden de conducta por la presión que ejerce la opinión pública, tienen una admiración ilimitada por el mundo, aunque les haya sido impuesta. Podemos saber algo acerca del auténtico estado de nuestra mente examinando la admiración secreta que tenemos hacia algo o alguien. Israel a menudo admiraba, y hasta envidiaba, a las naciones paganas que la rodeaban, y al hacerlo, olvidaba la ley, las promesas de Dios y sus antepasados. En lugar de culpar a Israel, debemos mirarnos a nosotros mismos.[1]

---

1   A. W. Tozer, *That Incredible Christian*, Christian Publications, Harrisburg, 1964, pp. 102-103. Usado con permiso.

Autoexamen: Hágase algunas preguntas difíciles:

- ¿Hasta qué punto se conoce en realidad? ¿Cuáles son sus puntos fuertes? ¿Sus mayores debilidades? ¿Cuáles son los tres adjetivos que mejor la describen?

- Si usted se mirara a sí misma de la manera en que Dios la ve, ¿en qué modificaría la opinión que tiene de sí misma?

- Cuando se les preguntó a algunas madres sobre qué más necesitaban, muchas dijeron "aceptación". ¿Se acepta usted a sí misma? ¿Cree que Dios la acepta? ¿O cree que usted es la única excepción al amor generoso de Dios?

PASO PRÁCTICO Nº 2:

Haga una evaluación de su personalidad

A continuación hay cuatro listas de adjetivos. Marque en cada lista aquellos adjetivos que se aplican a su persona y luego anote el puntaje al final de cada lista.

¿En cuál de las listas sacó puntaje más alto? En su libro *The Treasure Tree* (El árbol del tesoro), el escritor John Trent compara las cualidades que corresponden a estas personalidades con cuatro animales diferentes. He aquí sus descripciones:

Lista 1: León

1. Es valiente y no teme las nuevas circunstancias.
2. Le gusta ser el líder. A menudo le indica a otros cómo hacer las cosas.
3. Está dispuesto a asumir cualquier tipo de desafío.
4. Es firme y comprometido respecto a lo que se espera de él.
5. Toma decisiones con rapidez.

Lista 2: Nutria

1. Habla mucho y cuenta historias extravagantes.
2. Le gusta todo tipo de actividad divertida.
3. Disfruta estando en grupo. Le gusta lucirse.
4. Tiene mucha energía y siempre está dispuesto a jugar.
5. Siempre está contento y dispuesto a ver lo positivo de las cosas.

Lista 1	*Lista 2*
Se hace cargo	Toma riesgos
Confiada	Visionaria
Decidida	Motivadora
Competitiva	Expresiva con palabras
Disfruta de los desafíos	Evita los detalles
Toma decisiones	Disfruta de los cambios
Orientada hacia metas	Orientada al grupo
Emprendedora	Le gusta la diversión
Determinada	Ingeniosa
Firme	Enérgica
Valiente	Promotora
Tiene un rumbo	Le gusta la variedad
Líder	Sociable
Aventurera	Optimista
"¡Hagámoslo ahora mismo!"	"Confíen en mí. Hallaré la solución."

Lista 3	*Lista 4*
Leal	Cauta
No exige mucho	Controlada
Sabe escuchar	Reservada
Evita conflictos	Predecible
Disfruta de la rutina	Práctica
Evita los cambios	Detallista
Se brinda a otros	Perseverante
Educadora	Ordenada
Estable	Perceptiva
Tolerante	Analítica
Considerada	Precisa
Sabe adaptarse	Empírica
Sabe comprender	Inquisitiva
Es paciente	Prevista
"Mantengamos las cosas como están."	"¿Cómo se hacía antes?"

Lista 3: Sabueso

1. Siempre leal y fiel a sus amigos.
2. Escucha con atención a otros.
3. Le gusta ayudar a los demás. Se siente triste cuando alguien los hiere.
4. Es pacificador. No le gusta que otros discutan.
5. Paciente y dispuesto a esperar.

Lista 4: Castor

1. Prolijo y ordenado, toma en cuenta hasta los más pequeños detalles.
2. Persevera hasta que termina con algo. No le gusta abandonar un juego por la mitad.
3. Hace muchas preguntas.
4. Le gusta que las cosas se hagan siempre de la misma manera.
5. Relata las cosas tal como son.[1]

PASO PRÁCTICO Nº 3:

Procure conocer el punto de vista que Dios tiene de usted

¿Quién dice Dios que soy?

He sido creada a la imagen de Dios (Génesis 1:26-27).

Soy hija de Dios (Juan 1:12).

Soy un templo, un lugar de morada de Dios. Su Espíritu y su vida moran en mí (1 Corintios 3:16).

Soy santa (Efesios 1:1; 1 Corintios 1:2; Filipenses 1:1; Colosenses 1:2).

Soy justa y consagrada (Efesios 4:24).

He sido elegida y destinada por Cristo para llevar fruto (Juan 15:16).

Soy la obra de Dios, su artesanía, nacido como nueva criatura en Cristo para hacer su obra (Efesios 2:10).

Ha sido elegida por Dios, santa y muy amada (Colosenses 3:12; 1 Tesalonicenses 1:4).

1 Tomado de Gary Smalley y John Trent, *Las dos caras del amor*, Copyright 1990, Gary Smalley y John Trent. Usado con permiso de Enfoque a la Familia. También reimpreso de John y Cyndy Trent y Gary y Norma Smalley, *The Treasure Tree*, Word, Dallas, TX, 1992, pp. 111-112.

Soy hija de Dios, y me pareceré a Cristo cuando Él regrese (1 Juan 3:1-2).

He sido hecha de forma maravillosa (Salmo 139:14).

PASO PRÁCTICO Nº 4:

Reconozca que Dios la ama

Porque Dios me ama (1 Corintios 13:4-8)

Porque Dios me ama, no pierde de inmediato la paciencia conmigo.

Porque Dios me ama, toma las circunstancias de mi vida y las usa de manera constructiva, como un recurso para mi crecimiento.

Porque Dios me ama, no me trata como un objeto para poseer y manipular.

Porque Dios me ama, no tiene necesidad de impresionarme con lo grande y poderoso que es, porque *Él es Dios*. Tampoco necesita empequeñecerme por ser su hija, como una forma de demostrar cuán importante es Él.

Porque Dios me ama, está de mi lado. Quiere que madure y desarrolle en su amor.

Porque Dios me ama, no me castiga con su ira por cada pequeño error que cometo, y lo cierto es que son muchos.

Porque Dios me ama, no mantiene un registro de todos mis pecados ni me castiga cada vez que tiene oportunidad de hacerlo.

Porque Dios me ama, se siente muy triste cuando no vivo como le agrada, porque se da cuenta de que, al hacerlo, muestro que no confío ni lo amo como debiera.

Porque Dios me ama, se regocija cuando experimento su poder y fortaleza y puedo sostenerme a pesar de las presiones de la vida, en su Nombre.

Porque Dios me ama, sigue obrando con toda paciencia en mi persona, aunque yo misma tengo deseos de darme por vencida y no entiendo cómo Él no se ha dado por vencido conmigo.

Porque Dios me ama, sigue confiando en mí en los momentos en que ni siquiera tengo confianza en mí misma.

Porque Dios me ama, nunca dice: "Eres un caso perdido." Por el contrario, con paciencia obra en mí; me ama y me disciplina de tal manera que no llego a entender por qué se preocupa tanto por mí.

Porque Dios me ama, nunca me abandona, aunque muchos de mis amigos pudieran hacerlo.[1]

PASO PRÁCTICO N° 5:

Aprenda a aceptarse a sí misma

Aprenda a ser su mejor amiga aprendiendo a amarse, animarse y alentarse a sí misma.

¿Tiene usted una mejor amiga? Si la tiene, piense en cómo es su relación con ella. Si no la tiene, piense en la clase de relación que le gustaría tener con una amiga. ¿Qué provee una buena amiga, que hace tan valiosa su amistad? ¿Cómo puede usted misma brindarse lo que necesita?

Una buena amiga no la condenará. Una amiga es alguien a quien usted puede decirle todo lo que piensa, y puede estar segura que no va a juzgarla.

Una buena amiga le ofrecerá crítica sincera. ¿Quién la conoce mejor que usted misma? ¿Por qué, entonces, dejarse humillar por los comentarios críticos de los que apenas la conocen?

Una buena amiga la apoyará. Usted necesita estimularse a sí misma, de la misma forma en que lo haría su amiga.

Una buena amiga le pedirá cuentas. De la misma manera en que usted enfrentaría sinceramente a su mejor amiga con tacto y afecto respecto a un riesgo que está corriendo, así también debe darse una mirada crítica a sí misma de cuando en cuando. Usted necesita conocer sus propias debilidades a fin de esforzarse para mejorar.

Una buena amiga se reirá con usted. Cuando una persona se ríe con facilidad, por lo general, puede tomar las situaciones extenuantes y desafiantes con soltura. Reírse de sí misma demuestra que comprende sus propias debilidades.[2]

PASO PRÁCTICO N° 6:

Ore

Repita esta plegaria de aceptación:

Hoy, Señor, recibo la aceptación que me brindas.

---

1 Bárbara Johnson: *Stick a Geranium in Your Hat and Be Happy*, Word, Dallas, TX, 1990, pp. 107-108.

2 Adaptado de Thomas A. Whiteman y Randy Petersen: "Becoming Your Own Best Friend", en *Today's Christian Woman*, noviembre y diciembre de 1984, pp. 117-118.

Declaro que siempre estás conmigo y a favor de mí.
Recibo en mi espíritu tu gracia, tu misericordia, tu cuidado.
Descanso en tu amor, Señor. Descanso en tu amor. Amén.[1]

PASO PRÁCTICO N° 7:

Admita que necesita ayuda

Al tomar estos pasos hacia la aceptación de sí mismas, algunas personas se hunden por el lastre de los mensajes negativos acerca de su propio pasado; es posible que necesiten más ayuda de la que puede brindar un cónyuge, un pariente o un amigo. Aquí hay algunos síntomas que, en caso de persistir, pueden ser una indicación de que usted debiera buscar un pastor o un consejero profesional para que la ayude:

Ya no disfruta como antes de la vida
Duerme en exceso
Le resulta difícil concentrarse
Se siente culpable y sin valor como persona
Tiene poca energía
Su apetito o su peso sufren cambio
Está nerviosa

---

1   Richard J. Foster, *Prayers from the Heart*, Harper, San Francisco, 1994, p. 54.

Máxima para las madres

Conocerme
— saber quién soy
y quién no soy —,
es amarme a mí
misma.

Crecimiento:

A veces anhelo cultivar mi personalidad

Sara cerró la puerta de la habitación del bebé y caminó sigilosamente hacia la cocina. Sentía tensos los músculos de la espalda. Levantó la mano para masajearse mientras consideraba qué opciones tenía.

Le quedaba una hora, quizás hora y media. A la pequeña Amanda la habían invitado a casa de una amiguita, a la salida de las clases del jardín de infancia. Seguramente, después de una mañana muy activa, Pepito dormiría por un rato. Al año y un mes, todo parecía interesarle. Esa misma mañana, mientras ella hablaba por teléfono, el pequeño había cometido su propia versión de "asalto y hurto". De alguna forma había conseguido abrir la alacena a pesar de la traba a prueba de niños y, después de treparse a un estante, había derramado todo el paquete de arroz por los estantes y sobre el piso de la cocina. Limpiar todo le había llevado a Sara la mayor parte de la mañana.

No pienses en eso ahora — se reprochó Sara —. *Tienes una sola hora, de modo que úsala.*

Lo que en realidad deseaba hacer era tocar el piano. Se había graduado en piano y había dado clases de música durante varios años en una escuela secundaria, antes que naciera Amanda. Aun después del nacimiento de su primera hija, al menos durante un par de años, había encontrado la manera de intercalar algunas horas para dar clases de piano en el vecindario, mientras la bebé dormía la siesta. Luego Amanda renunció a las siestas. Entonces Sara quedó embarazada otra vez y, en realidad, no le quedaba energía para el piano. Ahora, apenas tenía tiempo para sentarse un rato.

Chopin la llamaba desde el piano que estaba en la sala. Los

nocturnos que le eran tan familiares empezaban a sonar en su mente, mientras iniciaba la reiterada batalla. Había una pila de lavado para completar antes que regresara Amanda. Y debía empezar a preparar la cena, ya que el proceso era mucho más simple cuando no estaba cerca el bebé. Después . . . bueno, olvídalo. Brahms le hacía señas y ella vacilaba. No. No era el momento de dejarse llevar. Necesitaba preparar la lista de compras . . . otra tarea imposible mientras Pepito "ayudaba".

Sin embargo, cuando pasó junto al piano, Mozart la animó a sentarse. *Sólo por unos minutos*, razonó, como justificándose. Mientras se acomodaba en el taburete, acarició las teclas de marfil, levantó las manos y empezó a tocar, sumergiéndose de inmediato en la música. Durante quince minutos sin interrupción, sus dedos buscaron las notas en el teclado, presionándolo con gracia. Por momentos sus dedos se deslizaban con facilidad. En algunas secciones los dedos tropezaban, pero siguió tocando hasta alcanzar un crescendo intenso.

Ya quietas, las manos de Sara cosquillaban con cálidas vibraciones. ¡Debiera estar haciéndolo todos los días! De lo contrario, perdería el tacto. ¡Cuánto añoraba la libertad que había tenido antes para tocar y tocar! Había soñado con ser profesora universitaria. ¿Habría posibilidades de que ese sueño se cumpliera alguna vez? ¿O se transformaría en un mero recuerdo, cada vez más pálido al correr de los años?

Se detuvo, reflexiva, y luego escuchó que Pepito lloraba. En realidad, daba alaridos. Lo había despertado el piano. Y ella ni siquiera lo había escuchado. Parecía que estaba asustado.

¡Qué estúpida he sido! — pensó Sara mientras cerraba el piano de un golpe sobre el teclado y atravesaba el pasillo —. *¡Ya no podré hacer nada esta tarde! ¡No debí haber abierto el piano!*

LA VIDA EN SUSPENSO

En esta etapa de la vida las madres a menudo dedican tiempo a todos, menos a sí mismas. Tendemos a asumir que los bebés, los niños pequeños y nuestro esposo no son capaces de esperar para ser atendidos; en cambio nosotras, por ser madres, *sí podemos*. En consecuencia, ponemos en suspenso nuestros sueños y nuestro desarrollo. A veces, quedamos estancadas a causa de la distracción que nos producen las exigencias que pesan sobre nuestros hombros.

Antes podíamos mantener animados diálogos sobre temas intelectuales, ahora sentimos que nuestro cerebro se ha puesto fofo como avena cocida. ¡Hasta tenemos miedo de llegar a perder por completo la capacidad de razonar de manera lógica!

Otras madres quedan atrapadas por la conversación infantil, que podría hacerlas quedar en ridículo si aflorara en medio de una conversación con adultos. Algunas madres expresaron su frustración en los siguientes términos:

Me olvido cómo se habla en lenguaje adulto. El otro día señalé una vaca a una amiga y le dije: "¡Mira, muuu!"

— 🐾 —

Nunca llego a terminar una frase, de modo que ya rara vez hablo usando frases completas.

— 🐾 —

De lo único que hablo en estos días es de bacinillas y pañales.

Como se ha dicho en capítulos anteriores, las madres de niños preescolares necesitan hallar sentido en lo que hacen, necesitan saber que lo que hacen — la tarea de educar a sus hijos — es importante. También necesitan alcanzar un sentido de identidad, saber quién son y serlo con confianza.

LA NECESIDAD DE CRECIMIENTO

La tercera necesidad que tenemos como madres de niños pequeños es la necesidad de crecer y desarrollarnos, tanto en lo que hacemos como en lo que somos. En lo hondo de nuestro ser llevamos el impulso a mejorar, ya sea que eso signifique llevar a cabo un sueño o desarrollar una actitud más paciente.

Aunque disfrutamos entregando nuestro ser a

Antes de tener hijos, pasaba mucho tiempo bordando. Pero después que naciera el segundo, tenía que hacer un esfuerzo para llegar a terminar su ajuar de bebé. Sentí que el aspecto creativo de mi persona se estaba ahogando en un mar de tareas prácticas.

— 🐾 —

Mi esposo me preguntó cuáles eran mis pasatiempos y no pude responderle nada, excepto referirme a mi tarea de ser mamá y esposa. Dejé todo de lado cuando nació nuestra hija.

la familia, de cuando en cuando anhelamos crecer, cambiar y experimentar otras partes de nuestro ser. ¡Pintar! ¡Leer! ¡Pensar! ¡Crear! ¡Conversar! ¡Ayudar a otros! ¡Ah . . . soñar!

ETAPA DE ABNEGACIÓN

Criar a los hijos es, por su propia naturaleza, una tarea que requiere abnegación. Se trata de un período en que el deseo de realización personal

> *¿Soñar? ¿Está bromeando? ¿Quién tiene tiempo o energía para hacerlo?*

choca con el de entregarse de manera sacrificada. Además, sabemos que inevitablemente la batalla será ganada por el sacrificio. Para la mayoría de las madres este proceso comienza con el embarazo, cuando empiezan a perder el bienestar y la silueta corporal. Los sentimientos y las emociones entran en un torbellino. Los pies se hinchan. El abdomen crece. Aumenta la presión sanguínea.

Luego llega el día crucial en que la mamá renuncia a su pudor mientras el bebé se abre paso por el canal de parto, un pasadizo diez veces más estrecho de lo que parece que tendría que ser. Una mujer describió el parto como un proceso en el que se expulsa una pelota de jugar bolos por una fosa nasal. Otra dijo que es como tomar el labio inferior y estirarlo hasta tocar la frente.

Para las mujeres que llegan a la maternidad por adopción, el sacrificio es más bien del corazón que del cuerpo. Esperar un niño en adopción puede ser un proceso largo y poco predecible. Además, está la frustración de no poder experimentar el proceso del nacimiento.

La madre y autora, Dale Hanson Bourke, aconseja a las futuras madres respecto a los sacrificios emocionales que tendrá la situación: "Quiero que sepa lo que nunca le enseñarán en las clases de preparación para el parto. Las heridas físicas del embarazo y el parto se sanarán. Pero llegar a ser madre dejará una herida emocional tan profunda que seguirá siendo vulnerable para siempre... nunca volverá a leer un periódico sin preguntarse: '¿Y si le hubiera ocurrido eso a mi hijo?' Se sentirá perseguida con cada accidente aéreo, cada incendio.[1]

Al criar hijos pequeños, aprendemos mucho respecto a sacrificar tiempo y descanso. Cuando bañamos bebés arrugaditos y

---

1 Dale Hanson Bourke: "What Motherhood Really Means", en *Everyday Miracles* [Milagros cotidianos], Word, Dallas, TX, 1989, p. 2.

movedizos, o tratamos de poner una cucharada de cereal en la boca de un niño que está más interesado en hacer burbujas; al educar a un niño obstinado en el significado de la palabra "no", cuando vemos dedos torpes que se esfuerzan por dominar la correa del calzado, y al orientar a un niño para que aprenda las letras de su nombre, llegamos a saber hasta qué punto ser madre significa invertir más en la vida de otras personas que en nuestra propia vida.

El amor tiene un precio. Nuestros hijos serán privilegiados si tienen madres dispuestas a darse —a sacrificar— de manera voluntaria. Pero ser una buena madre no implica que debamos poner para siempre en el estante nuestras necesidades personales. Las madres también tienen una necesidad legítima de crecer como individuos, desarrollar sus talentos y capacidades (el hacer) a la vez que fortalecer su carácter (el ser).

Aquí mencionamos algunas razones por las cuales usted no puede dejar su propio desarrollo para más adelante.

Usted necesita desarrollarse

El presente es una importante etapa de su vida. No puede saltearla ni ignorarla. No la puede ignorar ni descuidarse a sí misma en esta etapa. Si lo hiciera, correría el riesgo de encontrarse con un profundo bache en el próximo período.

Sabía que deseaba ser mamá e iba a tomar en serio la tarea. Pero al mismo tiempo sabía que debía cultivar mi potencialidad en otros aspectos además de la maternidad.

— ❧ —

Seguramente, usted tiene sueños y anhelos que necesitan expresarse. Quizá tenga impulsos creativos que necesitan manifestarse. La persona que hay en usted, y que ha estado creciendo desde el nacimiento, no deja de existir por el hecho de que usted haya dado a luz otra.

Soy una buena madre, pero no quiero descubrir algún día que mis hijos han crecido y yo no tengo otra cosa en la vida que un gran vacío.

— ❧ —

Necesito estar segura de que no he sacrificado por completo mi individualidad en función de la maternidad.

Su familia necesita que usted se desarrolle

Todos los miembros de la familia se van a beneficiar de la persona que se va cultivando en usted.

Su familia también se verá beneficiada por la armonía de su ejemplo. Necesitan el desafío y la inspiración de su crecimiento para poder crecer ellos mismos.

Nos imaginamos que todo lo que necesitamos es nuestro hijo. Que nuestra vida es ese niño o esa niña. Pero la realidad me está mostrando que, para ser una buena mamá, también debo desarrollar algunos otros intereses.

Si bien en algunos momentos podría parecerle que si dedica tiempo a sí misma está abandonando a las otras personas que forman parte de su vida, lo cierto es que cuando invierte tiempo en su propio crecimiento tiene más posibilidades de influir en el crecimiento de los que la rodean. Observando cómo usted equilibra la necesidad de cuidar a otros con la de cuidarse a sí misma, ellos aprenden a cuidar de sí mismos.

El mundo al que pertenece necesita que usted crezca

Alrededor suyo hay personas que necesitan lo que usted tiene para ofrecerles. Sea que se trate de algo que usted hace o de la simple manifestación de la persona que hay en usted, su contribución a la vida de otros se incrementa cuando se desarrolla. Cuando la ven desenvolverse con confianza, usando los dones innatos o las destrezas aprendidas, otros se sentirán estimulados a descubrir en qué forma ellos pueden perfeccionar su vida y sus relaciones. Quizás a usted no le parezca tan importante; pero para quien la está observando su ejemplo es valioso.

Dios desea que desarrollemos

Por sobre todas las cosas, el plan que Dios tiene para nosotras es que crezcamos. "Dios nos ama tal como somos; pero nos ama demasiado como para dejarnos en esa situación", reza un dicho. La Biblia nos guía a crecer en gracia y en conocimiento (2 Pedro 3:18). En realidad, la meta de la vida cristiana es desarrollar en nuestra persona cualidades propias de Cristo, tales como amor, gozo, paz, paciencia, benignidad y bondad; la etapa en que estamos criando a nuestros hijos ofrece un fértil suelo para todas esas semillas. Con todo, el crecimiento no se produce sin esfuerzo.

DOLORES DEL CRECIMIENTO

Pese a lo entusiasmante y significativo que puede ser desarrollar nuestra propia potencialidad, también es un proceso doloroso. Crecer duele. Nos exige extendernos en nuevas direcciones. Usa músculos, tanto mentales como emocionales, que pudieron haber estado atrofiados por falta de uso. Requiere que corramos riesgos que nos hagan sentir débiles y vulnerables.

El cambio es a menudo inoportuno e incómodo. Supongamos que usted se decida (¡por fin!) a aceptar un cargo en el liderazgo de su iglesia o en el centro vecinal, y luego descubre que se pone nerviosa cuando tiene que hablar, aun ante un grupo muy pequeño. ¿Estará dispuesta a mantener el compromiso que tomó . . . o renunciará? Si lo mantiene, tendrá que hacer ciertos ajustes difíciles. Tendrá que aprender a apoyarse en sus lados fuertes y a delegar a otros los aspectos en los que se siente menos capaz.

Cuando se toma la decisión de crecer, a menudo es doloroso cuando empiezan a producirse cambios. Varias realidades pueden llegar a golpearla.

El crecimiento es lento

Crecer lleva tiempo. En la etapa de la vida en que los hijos están creciendo con el ritmo que crecen las malezas, puede parecernos que el desarrollo de nuestra propia persona avanza a ritmo de tortuga. La vida parece transcurrir en cámara lenta. Como en la reiteración instantánea de una jugada deportiva proyectada por las cámaras, cada suceso de su vida parece retroceder y desenrollarse con una tortuosa monotonía, repitiéndose una y otra vez a lo largo de cada día.

El crecimiento es difícil de medir

Hay muchos días de intensa actividad en los que casi no podrá reconocer si está creciendo o si se está encogiendo. Puede poner a su pequeño de tres años de edad contra la pared y ver la evidencia tangible de su crecimiento, trazando una marca un par de centímetros por encima de la que hizo la última vez. ¡Pero cuando observa su propia vida, lo único que ve crecer es el vello en las piernas!

La dificultad de medir el crecimiento del carácter nos desalienta en este proceso de perseverar hacia nuestras metas. Los hijos no nos alaban por adquirir más paciencia o por ser excelentes cuidadoras de niños. Y cuando nos ponemos junto a la marca para ver cuánto hemos progresado, el resultado de nuestro esfuerzo puede pasar casi desapercibido.

El crecimiento tiene un precio

Sea que procuremos el desarrollo de nuestros sueños o de nuestro carácter, el crecimiento tiene un precio.

Si está procurando mejorar su técnica en el piano o si está estudiando para obtener un grado académico, sabrá que tendrá que tomar algunas decisiones difíciles. Por ejemplo, quizás opte por leer durante la siesta de su bebé, y luego servir comida prehecha y congelada en lugar de una comida preparada por usted. O si está esforzándose por desarrollar humildad o aprendiendo a ser más firme, tendrá que decidirse a admitir sus errores o a mantenerse firme cuando sepa que tiene la razón.

Junto con esas decisiones difíciles de hacer llega, como parte de la realidad, la necesidad de aceptar las consecuencias de sus decisiones. Su esposo podría quedar decepcionado porque usted no ha cocinado su plato favorito y quizá exprese su desagrado. Tal vez, en algún asunto, llegue el momento en que usted advierta que estuvo equivocada y tendrá que pedir perdón. Si está luchando para mantener sus puntos de vista, quizá le toque tomar una posición que resulte un poco incómoda.

En su libro *Alas de águilas*, Ted Engstrom escribe:

> La búsqueda de la excelencia siempre viene con una etiqueta con el precio marcado. La pregunta que tiene que responderse a sí mismo es: ¿Cuánto estoy dispuesto a pagar en términos de esfuerzo, paciencia, sacrificio y perseverancia, para ser una persona sobresaliente?[1]

Lento, difícil de medir y costoso, el crecimiento a menudo consta tanto de sufrimiento como de recompensas.

HAY QUE SABER SOÑAR

Tener sueños es lo que hace la diferencia entre transitar por la vida y realmente *vivir*. Algunas mujeres, atrapadas en la tarea de criar hijos, nos olvidamos de seguir soñando. Aquí hay algunas sugerencias al respecto:

Atrévase a soñar

Identifique los aspectos en los que desearía crecer y luego empiece a soñar sobre las posibilidades de lograr sus deseos. Un escritor comenta: "Debemos soñar, porque estamos hechos a la

---

1 Ted Engstrom, *Alas de águilas*, Editorial Vida.

imagen de Aquél que ve cosas que aún no son y su voluntad es que sean."[1]

Busque un lugar tranquilo. Siéntese cómodamente y dé rienda suelta a sus pensamientos. ¿Qué ha hecho Dios en su vida? ¿Qué podría hacer aún? Reflexione, por un instante, en lo que aún no es pero podría ser. Sueñe llegar más lejos.

Los sueños comienzan con preguntas tales como: "Si tuvieras una hora extra hoy para hacer cualquier cosa que quisieras, ¿qué harías?" A veces, los sueños tienen sus raíces en nuestro pasado. "Al recordar su niñez, ¿qué hacía durante su tiempo libre?" Los sueños también aparecen en los recodos de la vida y en el sitio mismo en el que vivimos, dándonos claves acerca de cómo podemos crecer.

Si le resulta difícil identificar los aspectos en los que quiere crecer, remítase a los "Bloques constructivos" al final de este capítulo. Como sugiere Bárbara Sher, lo importante es descubrir lo que le gusta. "Puede haber varias cosas . . . ya sea la guitarra, la música, el observar pájaros, coser, seguir las acciones de la bolsa de valores, conocer la historia de la India, hay una muy buena razón por qué le gustan esas cosas. Cada una de ellas es una clave que remite hacia algo en usted: un talento, una habilidad, una manera de ver el mundo que es suya y sólo suya."[2]

Identifique en qué aspectos quiere crecer. Luego empiece a soñar para su propia vida, y a trazar un plan. Un hombre de treinta y tres años de edad designado para una elevada posición en un cargo de liderazgo en una importante universidad, no se dejó intimidar por las preguntas que le hacían acerca de ser demasiado joven para esa posición. "Mis padres me enseñaron a soñar con los pies bien puestos. Eso significa que soñaba hacia dónde quería ir y luego hacía un plan acerca de cómo llegar allí."

Establezca una secuencia para sus sueños

Una vez que se haya decidido respecto a un aspecto de posible crecimiento, organícelo en pequeñas secciones. Sabemos que los años que dedicamos a la crianza de niños pequeños están cargados de responsabilidades y tareas urgentes. Si pretendemos alcanzar logros gigantescos en ese período, es probable que nos desilusionemos, porque alguien se verá afectado: nuestros hijos, nuestro

1 Gary Hardaway, "When Dreams Die", en *Moody Monthly*, junio de 1986, p. 20.
2 Bárbara Sher con Annie Gottlieb, *Wishcraft*, Ballantine Books, Nueva York, 1979, p. 5.

matrimonio, nuestros sueños o nuestra salud.

Es probable que haya escuchado analogías que comparan la vida con un libro, en el que cada estado de desarrollo compone un capítulo. Durante los primeros años de vida, usted garabateó con mucha expectativa su contribución a las páginas limpias de los capítulos iniciales. Pero con la llegada de sus propios hijos, la tarea de escribir su propio diario ha quedado en suspenso mientras ayuda a su hijo a sostener el lápiz. Ese pequeño está decidido a aprender a escribir en su propio libro de la vida.

Me sentaba en el parque con mi bebé y me preguntaba lo que había sido del arte, de la música y de la política. Me sentía aislada de la vida que había conocido durante veinte años, de modo que decidí empezar a hacer algo al respecto. Un día puse a mi bebé en la silla portátil y me fui con él a ver una exposición de arte impresionista en el museo.

En vez de poner a un lado su propio diario durante los próximos años de la maternidad, ¿por qué no distribuir el tiempo de tal manera que pueda disponer de unos momentos para escribir un par de párrafos, una página o quizá más? Podemos avanzar hacia nuestros sueños si damos algunos pasos, aunque sean cortos.

La idea de bosquejar la vida en forma de capítulos, separándola en secciones, a veces se describe como "secuenciar". Eso significa dar prioridad a los hijos cuando son pequeños. Luego, a medida que crecen, contamos con más tiempo para perseguir nuestras propias metas, incluyendo la posibilidad de desarrollar nuestros sueños.

Cuéntele a alguien más acerca de sus anhelos

Toda persona necesita que alguien la aliente con respecto a sus sueños, que la estimule a seguir adelante cuando no está segura de que podrá lograrlo. Una madre describe la importancia de tener ese tipo de amistades cada vez que las circunstancias la obligaban a abandonar un sueño:

La música siempre ha sido parte de mi vida. Toqué varios instrumentos en diversos grupos. Cuando me estaba acercando a los treinta años de edad, adquirí una enfermedad que me imposibilitó ejecutar y hacer presentaciones. Gracias al ánimo que me dieron mis amigas, descubrí que tenía otros talentos, especialmente para cantar.

Dottie, la esposa del escritor Josh McDowell, describe a su

madre como una estimuladora de sueños que siempre valoraba lo que ella apreciaba. "Aunque soy adulta, ella aún sueña mis sueños, desea conocer cada uno de los detalles y se deleita en interesarse por todo lo que hago. ¿Acaso no comunica eso que mis sueños y metas tienen importancia? ¡Por cierto que lo hace! ¿Ha tenido su actitud un impacto positivo en mi imagen de mí misma, aun siendo adulta? Por supuesto que sí."[1]

Tal vez usted tenga una buena amiga capaz de seguir soñando mientras transcurre la etapa de crianza de los niños. Quizá su esposo conoce los talentos que hay en usted y desea que los desarrolle. Puede ser que su propia madre, o su tía o su hermana, tengan presente su anhelo y la estimulen a desarrollar su potencialidad. Busque una persona que la estimule y pueda ayudarla a mantener vivos sus sueños.

¡SIGA CRECIENDO!

Fuimos creadas por Dios para crecer, cambiar y desarrollar en la vida. Todas tenemos una potencialidad enorme sin explorar. Como señaló William James en una ocasión: "Comparados con lo que debiéramos ser, estamos apenas empezando a despertar. Sólo usamos una parte pequeñísima de nuestros recursos mentales y físicos."

Elija algunos de los siguientes "Bloques constructivos" y satisfaga su necesidad de crecimiento y desarrollo.

Pasos Prácticos

PASO PRÁCTICO Nº 1:

¡Descubra un sueño!

Si no tiene un sueño propio, aquí hay algunas preguntas e ideas que le ayudarán a identificar un aspecto que la entusiasme y que corresponda con la potencialidad que hay en usted:

- ¿Hay algún tema que siempre despertó su interés?
- ¿En qué soñaba despierta cuando era niña?
- Haga una lista de diez características positivas de su personalidad. ¿Le sugieren esos rasgos los talentos o destrezas valdría la pena desarrollar? Pídale a una persona amiga que

1 Dottie McDowell, "Dottie's Delight Article", en Dave Ray, *Mom's Check-Up*, Core Ministries, Royal Oak, MI, 1994, p. 11.

agregue otros rasgos a esa lista.
* Anote veinticinco cosas que desea hacer antes de morir. Luego resuma la lista a diez, luego a cinco. Por último, ordénelas según la importancia que tienen para usted.[1]

PASO PRÁCTICO Nº 2:

Elija su propio sueño

Me gustaría . . .

* Tocar el piano.
* Criar perros de caza.
* Ganar una medalla olímpica.
* Instalar un negocio.
* Vender tortas caseras decoradas.
* Diseñar ropa para niños.
* Escribir un libro.
* Llegar a ser fotógrafa profesional.
* Organizar fiestas infantiles.

Agregue sus propias ideas:

_____

_____

_____

PASO PRÁCTICO Nº 3:

Trabaje en su propia casa

Si sus sueños se orientan hacia una actividad lucrativa, considere la posibilidad de sumarse a las numerosas madres que trabajan en casa, tanto por necesidad como por el deseo de desarrollar sus habilidades. ¿Se pregunta si está equipada para enfrentar el desafío? No cabe duda que el éxito requiere autodisciplina e iniciativa. Aquí hay algunas preguntas de autoexamen para ayudarla a decidirse:

* ¿Qué talentos naturales me ha dado Dios que puedo canalizar hacia un trabajo rentable realizado en casa?
* ¿Dónde puedo ubicar mi lugar de trabajo? Una mujer remo-

---

1 Adaptado de Cindy Tolliver, *At-Home Motherhood*, Resource Publications, CA, 1994, pp. 150-152.

deló el garaje, otra se instaló en un rincón de la habitación para huéspedes.

* ¿Está saturado el mercado en el campo laboral que le interesa? La Cámara de Comercio o las páginas amarillas de la guía telefónica le pueden ofrecer algunos indicios. También puede hacer una encuesta informal para saber cómo marchan las cosas en el campo laboral que le interesa. Si los negocios ya instalados parecen tener más clientes de los que pueden atender, es probable que haya espacio para un competidor.[1]

PASO PRÁCTICO N° 4:

Afiance su personalidad

¿Anhela tener más paciencia, autodisciplina o perseverancia? Aquí hay dos fuentes para lograrlo:

* Haga un "mapa de la vida", el proceso que describe el autor John Trent. Hacer un mapa de la vida es un proceso orientado a la búsqueda de soluciones que procura descubrir los puntos fuertes que Dios le ha dado. Si bien estimula al individuo a conocer su pasado y aprender de él, está enfocado hacia el establecimiento de metas claras y la elaboración de planes, afirmando con fuerza la esperanza en el futuro. Trent subraya que trazar mapas "afianza la confianza de superar los esquemas negativos y crecer hacia la intimidad, el sentido y el rumbo que siempre anheló".[2]
* Léales a sus hijos historias acerca de cualidades de carácter que contribuyan al desarrollo tanto de ellos como de usted misma. La mayoría de las personas respetan algunos rasgos esenciales del carácter: la honestidad, la compasión, la valentía y la perseverancia. Esas son virtudes, y como los niños no nacen con ese conocimiento, necesitan aprender cuáles son las auténticas virtudes.

PASO PRÁCTICO N° 5:

Busque una persona alentadora

Una persona alentadora es la que la estimula a soñar y a seguir adelante en busca de sus anhelos.

---

1 Susan Solomon Yem, "Heading Home", en *Virtue*, enero y febrero de 1995, p. 44.
2 John Trent, *Life Mapping*, Enfoque a la Familia, Colorado Springs, CO, 1994, pp. 7-8.

- ¿Tiene en su vida una persona que la anima?
- Identifique a tres personas que le han sido de aliento en el pasado. ¿Cómo la animaron?
- ¿Qué cualidades buscaría en una persona que pueda ser de estímulo para usted?
- Piense en tres personas que podrían animarla y con quiénes desearía profundizar su amistad en el futuro.

PASO PRÁCTICO Nº 6:

Fabríquese un "caza sueños"

Los símbolos tangibles nos recuerdan las cosas que amamos, o nos dan metas hacia las cuales progresar. Una ostra que recogemos en la playa durante las vacaciones, colocada sobre el escritorio nos recuerda los momentos de caminar y deambular en soledad. Una roca suave de un arroyo de montaña, que encontramos cuando estuvimos pescando y que ahora colocamos sobre el tapiz de la mesa, nos recuerda cómo las turbulencias de la vida van puliendo las aristas de nuestra alma. La figura de la paleta y el pincel de un artista nos ofrece estímulo diario al acordarnos de que Dios, que comenzó la obra en nosotros, no la ha concluido aún. "Estando persuadido de esto, que el que comenzó en vosotros la buena obra, la perfeccionará hasta el día de Jesucristo" (Filipenses 1:6). Somos obras de arte en proceso. Todavía no hemos sido perfeccionados.

- Elija los símbolos que la ayuden a mantener vivos sus sueños y a seguir desarrollándolos. Conrad Hilton, mientras reconstruía su pequeña cadena de hoteles después de los años de la gran depresión, tenía sobre su escritorio una fotografía del gran Hotel Waldorf. Una madre joven, que aspiraba a llegar a ser escritora algún día, mantenía en su cocina una pluma de escribir como símbolo de su sueño.
- Busque un rincón donde conservar esos símbolos. Un lugarcito sobre la mesita de noche. Un estante en la biblioteca. Un espacio sobre la puerta del refrigerador.
- Esté siempre alerta para agregar símbolos a su colección. Deténgase para disfrutar de ellos de cuando en cuando, y para recordarse a sí misma las decisiones que tomó respecto al desarrollo de su persona: esas brasas de sueños que usted sabe que en el futuro se avivarán hasta encenderse en llamas.

PASO PRÁCTICO Nº 7:

Siéntase inspirada

En su poema "Hold Fast Your Dream" [Aférrate a tu sueño], Louise Driscoll nos estimula a perseverar:

¡Aférrate a tu sueño!
En tu corazón,
Guarda un rincón secreto
Donde puedas esconder tus sueños.
Refugiados allí
Podrán crecer y florecer.
Debe ser un sitio
Donde no quepan la duda ni el temor.
Ten un lugar aparte
En tu corazón
para guardar esos pequeños sueños.[1]

Como escribe Brenda Hunter: "Cuando Dios le da un sueño, Él la ayudará a llevarlo a cabo. Puede llevar un año o la mitad de la vida; pero Dios sembró ese sueño en su ser por alguna razón. Dios y usted harán que ese sueño se haga realidad."[2]

PASO PRÁCTICO Nº 8:

Lea un libro

Elija un libro de la bibliografía recomendada y converse acerca de él con una amiga.

Aún me palpita el corazón, Jerry Jenkins
Esas vocecitas no tan calladas, Thom Hunter
Mujeres llenas de gracia, Betty Jane Grams
Remedios caseros, Gary Smalley y John Trent
Un hombre diferente, Gien Karssen
Tentaciones que enfrentan las mujeres, Mary Ellen Ashcroft
A matar gigantes, a sacar espinas, Charles Swindoll
El banquete eterno, Paul Brand

1 Hellen Ferris, ed., *Favorite Poems Old and New*, Doubleday, Garden City, Nueva York, 1957, p. 2.
2 Brenda Hunter, *What Every Mother Needs to Know*, Multnomah Press, Sisters, OR, 1993, p. 59.

Máxima para las madres

Lo que soy, es el regalo de Dios a mí. Lo que yo llegue a ser, es mi regalo a Dios.

Intimidad:

A veces anhelo ser comprendida

Hora de cenar. Por lo menos había logrado llegar hasta esa hora. Abrió el refrigerador y echó una mirada al escaso contenido. *Es difícil cocinar sólo para mí y los niños* — pensó —. *Detesto cuando Pablo está de viaje.* En realidad, era algo más que la cena lo que hacía que Bárbara extrañara a Pablo.

Tomó una rápida determinación. Llamó a los niños: "¡Nicolás y Karina, vamos a salir a comernos hamburguesas!" Entre gritos y hurras, los niños corrieron hacia el vehículo. Bárbara recogió a la pequeña Emilia, tomó su cartera y los siguió.

Cuando llegaron al estacionamiento había muchísima gente, de modo que les advirtió a Nicolás y Karina que se tomaran de la mano y caminaran delante de ella. Siguiéndolos de cerca, Bárbara sostenía a la bebé mientras los guiaba hasta el mostrador, donde hicieron su pedido.

Se ubicaron en una mesa y Bárbara colocó a su lado a Emilia. Luego comenzó la tarea de untar el aderezo, asegurar las tapas de los vasos con refrescos y limpiar las manos de los niños.

Los dos mayores dieron cuenta de las tres cuartas partes de la hamburguesa con papas fritas que les correspondía y comenzaron a suplicar que su mamá los dejara ir al patio de juegos. Como podía verlos desde la mesa, a través de la ventana, Bárbara los dejó ir.

Mientras contemplaba el atestado lugar, pudo ver en diagonal a su mesa a una pareja joven. La mamá y el papá, tomados de la mano, contemplaban sonrientes a su niñito regordete. Un poco más allá, se hallaban algunos bulliciosos adolescentes, indiferentes a todo lo que ocurría alrededor de ellos. Detrás de Bárbara, una mamá parecía estar sumergida en una conversación seria con su hija de unos doce años de edad. Todos parecían estar satisfechos y tenían la compañía de otra persona.

Bárbara se sintió invadida por esa conocida nostalgia. Soledad. Parecía absurdo. ¿Cómo podía estar en un lugar repleto de gente y sentirse sola? ¿Cómo podía *jamás* sentirse sola con tres niños pequeños que no la dejaban un instante?

Miró hacia afuera. Nicolás y Karina jugaban alegremente. La pequeña se había dormido en la silla alta. Bárbara suspiró y jugó de manera distraída con su vaso. Con el dedo índice tapó el extremo de la bombilla, la levantó del vaso y dejó caer el líquido nuevamente. La gente entraba y salía del restaurante. Mientras tanto, su soledad la rondaba.

¡Detente! — se reprochó Bárbara —. *Tienes tres niños saludables y un esposo con buen trabajo. ¿No te es suficiente? Debiera serlo.* Aunque le parecían razonables sus observaciones, aun así, anhelaba conversar con alguien. Alguien que comprendiera sus temores y su lucha por cultivar más conformidad y paciencia.

En ese momento, una mujer, que parecía de su misma edad, se ubicó en la mesa vecina, cargando una bandeja con tres comidas. La seguían dos varoncitos, de unos cinco y siete años de edad. Por la expresión de su rostro, Bárbara podía darse cuenta de que esa mujer disfrutaba lo que hacía, mientras colocaba el aderezo con paciencia, ajustaba la tapa de los vasos y limpiaba las manos de sus hijitos.

Cuando los niños se fueron a jugar al patio de juegos, la mujer levantó los ojos y se encontró con los de Bárbara. A través de la congestionada mesa le sonrió y le dijo: "¿De modo que tú también has decidido comer hamburguesas esta noche?"

Bárbara rió y de pronto se sintió mejor. He aquí, dos extrañas. Es probable que no volverían a verse. Pero en esas pocas palabras, Bárbara se había sentido comprendida por primera vez después de mucho, mucho tiempo.

ESA INCONFUNDIBLE SENSACIÓN DE SOLEDAD

Las madres de niños de edad preescolar constantemente relatan que la mayor lucha es la que sostienen contra la soledad, contra esa sensación de estar desconectadas o aisladas. Aunque las palabras varíen, lo que describen es la misma necesidad de intimidad: anhelo de comprensión.

¡Ay, cómo duele la soledad! Es punzante. Nos vacía por completo y perfora las partes más expuestas y desprotegidas del ser.

Quizá la razón por la cual la soledad duele tanto es que impide todo lo que intrínsecamente necesitamos como seres humanos. "La Biblia declara nuestra necesidad de vínculo — dice el psicólogo John Townsend —. En el nivel más profundo y espiritual, somos seres necesitados de seguridad y de un sentido de pertenencia en tres órdenes de relaciones primarias: Dios, nosotros mismos y los demás. Comenzamos la vida en un estado de terror y desconexión . . . Ese es el problema más profundo y esencial que experimentamos."[1]

En otras palabras, nuestra necesidad de vínculo es una necesidad puesta en nosotras por Dios mismo. Él nos creó para que nos relacionáramos con otros. Ese anhelo se satisface con la sensación de pertenencia, que también conocemos como el ser parte de una comunidad. Decimos que estamos en comunidad en la medida en que estamos conectados con otros por medio de relaciones significativas en las que sentimos que pertenecemos y que compartimos una sensación de dar y recibir.

> *Seguir el ritmo de los niños no es lo más difícil de ser mamá; lo más difícil es la soledad.*
>
> — 🙠 —
>
> *Necesito alguien con quien desahogarme, alguien que me escuche.*
>
> — 🙠 —
>
> *Necesito alguien que entienda lo que digo aun cuando yo misma no lo entienda.*

La soledad es cada vez más frecuente. Pero el estilo de vida frenético de esta época sencillamente no facilita llevar una vida comunitaria. Heidi Brennan, que trabaja en un grupo de ayuda mutua para las madres que no trabajan fuera de casa, afirma que "la gente extraña esa proximidad que antes caracterizaba al vecindario. Les ocurre aun a las mujeres que trabajan. Las mujeres somos personas con sentido comunitario e intentamos crear lazos comunitarios aun en el lugar de trabajo".[2]

Las madres que se quedan en su casa son muy conscientes de esta necesidad. La autora y psicóloga Brenda Hunter cita a una mamá: "Desde que me dediqué completamente a la tarea de ser mamá, las amigas han adquirido mucha importancia en cuanto a desarrollar un nuevo grupo de compañeras, una sensación de comunidad y apoyo

---

1 John Townsend, *Hiding from Love* [Escondiéndonos del amor], NavPress, Colorado Springs, CO, 1991, p. 34.
2 Heidi Brennan en *In Company of Women*, Questar, Sisters, OR, 1994, p. 25.

que me ayuda a enfrentar la difícil tarea de ser mamá."[1]

Tenemos necesidad de vida comunitaria — de intimidad — pero antes que podamos satisfacerla y esforzarnos por lograrla, necesitamos saber qué es . . . y qué no es . . .

¿QUÉ ES LA INTIMIDAD?

La palabra en sí evoca todo tipo de imágenes.

¿Acaso encontramos la intimidad en el sexo? ¿En los besos, los abrazos, las caricias? Sí y no. La intimidad puede incluir la expresión sexual y la comunicación física. Pero la intimidad es más que el sexo.

¿No es, entonces, algo que pudiéramos describir como romance? De nuevo, la respuesta es sí . . . y no. La intimidad puede a veces ser romántica. Pero no necesita serlo.

La intimidad es como tener un compañero permanente que te conoce por dentro y por fuera y te quiere tal como eres, aun con tus defectos. ¿Correcto? Otra vez, sí y no. Lo cierto es que la intimidad rara vez ocurre en una sola relación. En realidad, cuando dependemos de una sola relación para satisfacer nuestra necesidad de intimidad, a menudo terminamos "extrangulándola" por cargar sobre ella demasiadas expectativas. Nuestra saludable necesidad de intimidad no debe ser satisfecha en un solo vínculo.

La palabra en latín para *interior* o *más íntimo* es *intimus*. De esa raíz deriva nuestra palabra 'edntimo. El diccionario define ese término como intrínseco, esencial, lo que caracteriza la naturaleza profunda y personal. Cuando tenemos intimidad con alguien, le permitimos que vea nuestro carácter, nuestra personalidad. Somos transparentes con esa persona y sentimos la confianza de admitir nuestros temores y anhelos.

Después que nació mi bebé, sentí que cambiaba toda mi manera de ver las cosas. De pronto yo resultaba necesaria para todo lo que hacía el bebé. Un día, todo estaba saliendo mal. Mi hijito no quería tener nada que ver conmigo . . . ¡Precisamente yo, la que hacía todo por él! No podía lograr que comiera, ni que dejara de llorar. Si trataba de levantarlo en brazos, gritaba y me pateaba. Llamé a mi madre, llorando de manera descontrolada, y le pedí que viniera a casa para ayudarme, para decirme en qué estaba fallando. Ella logró calmarnos a mi hijo y a

---

1 Brenda Hunter, *In the Company of Women*, Questar, Sisters, OR, 1994, p. 115-116.

mí, y luego sencillamente me escuchó, asintiendo de cuando en cuando a todo lo que decía y expresaba acerca de
mis sentimientos.

¿Qué es la intimidad? Para las madres de niños de edad
preescolar, la definición es sencilla. La intimidad es ser comprendida. Es no ser juzgada por algún error. Es que no se nos diga todo
lo que podemos hacer de una manera completamente distinta la
próxima vez. Es no ser corregida, juzgada antes de tiempo o
enmendada. La intimidad es ser comprendida, aun en los momentos que una misma parece no poder comprenderse.

PIEDRAS DE TROPIEZO
QUE DIFICULTAN LA INTIMIDAD

Aun cuando reconocemos nuestra necesidad de intimidad,
encontramos algunos obstáculos que dificultan la posibilidad de
poder experimentarla.

Estoy demasiado cansada para ser sociable

No cabe duda que
las madres de niños pe-
queños tienen muy poca
energía para invertir en
relaciones de intimidad.
Después de cuatro no-
ches de dormir mal por-
que el bebé de seis me-
ses está rompiendo
encías y está muy lloro-
so, y a la vez seguir ade-

*Casi todas mis amigas trabajan, de
modo que no tienen horarios adecuados para
estar conmigo, excepto de noche, cuando ya
estoy cansada.*

— 🙢 —

*Después de la cuarta mudanza en cuatro
años, con niños entre uno y cuatro años de
edad, la sola idea de conseguir nuevos amigos era abrumadora, de modo que me quedaba en casa con los niños y me sentía muy sola.*

lante con la responsabilidad de preparar la comida, limpiar y hacer
el lavado, a muy pocas mujeres les resta energía para dedicar a las
amistades.

Las madres a menudo están demasiado cansadas para relacionarse bien con sus esposos.

*Cuando comenzó la etapa de criar hijos, a menudo me
sentía tan cansada que dejaba a mi esposo en último lugar.
Recuerdo un día particularmente agotador cuando, para
el momento en que llegamos a la cama, lo único que yo*

deseaba era dormir. No era lo que él tenía en mente, pero yo estaba demasiado exhausta como para que me importara.

No quiero arriesgarme a conseguir una amistad porque una de las dos se podría mudar

En nuestra sociedad cada vez más móvil, pocas somos las que nos quedamos suficiente tiempo en un mismo sitio como para echar las raíces que requiere el cultivo de la intimidad. Estamos lejos de nuestro lugar de origen y de las relaciones de mucho tiempo, que "nos conocían cuando . . ." Llegamos a temer que no podamos ser "conocidas" nuevamente.

No tengo tiempo para ser sociable

"Hoy las mujeres no tienen tiempo para cultivar amistades —afirma Heidi Brennan—. En esta década tendemos más y más hacia el activismo, y la amistad es algo que requiere mucho tiempo."[1] Por su parte, la psicóloga Brenda Hunter, comenta: "Se necesita tiempo para nutrir una relación, y dado el énfasis de la cultura sobre los logros personales . . . la amistad con otras mujeres es la primera que se abandona.[2]

Si a la vez estamos trabajando y criando a los hijos, abandonamos las amistades para poder sobrevivir. Si nos dedicamos al hogar y no trabajamos en otra cosa, con frecuencia echamos una mirada al vecindario sólo para comprobar que nadie está disponible durante esos pocos y preciosos momentos del día en que podemos estar libres. Y cuando nuestro esposo llega a casa, sus expectativas y las necesidades de los hijos toman prioridad, antes que nuestras relaciones de amistad.

Me siendo incómoda cultivando amistades

Todas entendemos la continua lucha por cultivar una adecuada intimidad. A veces llegamos a pensar que sería más fácil y aun una señal de madurez valernos por nuestra cuenta y evitar las relaciones más íntimas. "A nadie le cuesta entender por qué Adán no podía vivir solo en el Edén — escribe Joan Wulff — pero, por alguna

---

1 Heidi Brennan en Brenda Hunter, *In the Company of Women*, Questar, Sisters, OR, 1994, p. 25.
2 Ibid, p. 26.

razón, pensamos que en el mundo contemporáneo podemos valernos sin los demás."[1]

Otras personas sienten temor e inseguridad respecto a las responsabilidades que implica construir una relación. Como observa Richard Fowler: "La ansiedad que genera la relación entre las personas no proviene de una falta total de disposición a ser amigable o conversadora, sino de una confusión respecto a cuál debiera ser nuestra participación al brindarnos a otros y construir vínculos."[2]

Quizás hayamos estado atrapadas en relaciones enfermizas, y tememos repetir esos mismos viejos hábitos. Tal vez hemos observado modelos de relaciones de intimidad poco adecuadas y, en consecuencia, nos preguntamos exactamente qué sería lo normal y lo saludable.

Algunas mujeres hasta nos frustramos y nos privamos precisamente de lo que necesitamos. Un artículo sobre la soledad, que apareció en un periódico, explicaba: "Las personas solitarias son más críticas respecto a sí mismas, se desilusionan más de los demás y están menos dispuestas a correr riesgos en cuanto a amistades. Tienen miedo de la intimidad y evitan concretamente estar cerca de otros. Prefieren sentirse deprimidas y solas, que correr el riesgo de ser rechazadas."[3]

Estamos demasiado agotadas, vivimos en una sociedad ajetreada, no tenemos tiempo, nos sentimos incómodas . . . Por una serie de razones obvias luchamos con la falta de intimidad. La autora Donna Partow cita a una mujer que resume de esta manera los obstáculos para el cultivo de la intimidad: "Abandoné los estudios cuando nació mi primer hijo. Ya no tengo tareas académicas para preparar. No tengo colegas. Mi familia está a miles de kilómetros y mi esposo trabaja hasta la medianoche. Casi nunca lo veo. Siempre disfruté de estar sola; pero no llegué a sufrir de soledad hasta que fui mamá."[4]

¿DÓNDE HALLAR INTIMIDAD?

¿Dónde se puede hallar intimidad? En una variedad de lugares.

---

1 Joan Wulff, "Searching for Community in an Individualistic Age", *His Magazine*, marzo de 1982, p. 1.

2 Richard Fowler, "The Intimacy Trap", en *Discipleship Journal* 25, 1985, Nº 12.

3 *Rocky Mountain News*, 7 de abril de 1995.

4 Donna Partow, *No More Lone Ranger Moms* [No más madres "Llaneros solitarios"], Bethany House, Minneápolis, MN, 1995, p. 31.

La intimidad puede darse en una relación recíproca con una amiga con la cual compartimos una conversación y tomamos una taza de café cada semana. Puede producirse en el matrimonio cuando se intercambian puntos de vista y se respetan los sentimientos de ambos. La intimidad puede darse en el seno de un grupo, en una relación de comunidad donde se comparte lo que se siente.

Más que producirse en un solo ámbito, en un vínculo exclusivo y cerrado, es más probable que se genere intimidad por medio de una variedad de vínculos a lo largo de la vida, y a veces en distintas situaciones durante un mismo día. En cierta etapa de la vida, una mamá pudiera encontrar intimidad en una amistad en particular. En otro período quizá la encuentre en otra. La intimidad puede, incluso, darse entre personas totalmente desconocidas que participan de un momento de comprensión mutua en una circunstancia tan inesperada como pudiera ser comer una hamburguesa en el mismo restaurante.

Antes de sugerir dónde encontrar intimidad, debemos decir una palabra de advertencia respecto a dónde *no* buscar intimidad. No busque intimidad con sus hijos. Es cierto que ellos están dispuestos. Ellos reciben toda nuestra atención y cuentan con todo nuestro afecto. Pero no nos fueron dados para atender a *nuestras* necesidades; no debiéramos imponerles esa clase de presión. "Los hijos no han nacido para complacernos a nosotros — escribe el profesor Walter Wangerin —. No son en absoluto una posesión nuestra; más bien, nosotros vivimos en razón de ellos, para protegerlos ahora y para prepararlos para el futuro."[1]

Habrá oportunidad para la intimidad con nuestros hijos cuando lleguen a ser adultos; pero una mamá que busca satisfacer esa necesidad en sus hijos pequeños está equivocada. Cuando buscamos intimidad debiéramos hacerlo en quienes tienen posibilidad de ofrecerla.

El matrimonio

La relación con nuestro cónyuge es la más probable y, por cierto, la más importante fuente de relación íntima. Es también la más desafiante. Además de la tensión que implica cuidar de los hijos, la realidad de la cantidad de divorcios que aumenta velozmente en la sociedad hace del matrimonio un lugar poco seguro.

1 Walter Wangerin (hijo), "You are, You are, You are", *The Lutheran Journal*, 24 de enero de 1990, N° 5.

¿Por qué resulta difícil la intimidad en el matrimonio? Además de los obstáculos obvios al cultivo de la intimidad — fatiga, ajetreo, falta de tiempo, relaciones poco saludables — hay varias dificultades muy concretas que debemos superar en el proceso de alcanzär intimidad en el matrimonio.

Por ejemplo, los hombres y las mujeres pueden interpretar la intimidad de una manera diferente. Cuando uno de los miembros de la pareja busca intimidad, puede ser que esté buscando compañerismo sexual. Para el otro, la intimidad puede significar un vínculo estrecho de ser comprendido.

Además, los hijos — uno o varios — modifican la relación matrimonial. En algunos aspectos, ese cambio es maravilloso, como lo explica Dale Hanson Bourke acerca de una persona que quiere ser mamá: "La relación de mi amiga con su esposo va a cambiar; pero no de la manera en que ella lo supone. Me gustaría mucho que ella entendiera cuánto más se puede llegar a amar a un hombre que siempre es cuidadoso cuando espolvorea talco en el bebé, o que nunca vacila en jugar con su hijo o su hija. Creo que ella no se imagina que va a enamorarse otra vez de su esposo; pero por razones que ahora le parecerían muy poco románticas."[1]

Sin embargo, es posible que las cosas resulten de otra forma. Es el aspecto "deprimente" del sube-y-baja en el proceso de adaptación a un nuevo bebé. Lentamente, la pareja reconoce que sus esquemas de comunicación se han modificado. Se sienten menos íntimos, más formales.

Mi esposo y yo tenemos conversaciones muy mecánicas en estos días, casi siempre acerca de los niños y de nuestras responsabilidades. "¿Enviaste el paquete? ¿Qué vamos a hacer respecto a las rabietas de Alison?" El otro día le pregunté lo que le gustaría que le regalara para su cumpleaños.

— No sé — me respondió.

— Dame alguna sugerencia — le pedí —, porque voy a salir mañana por la tarde y tengo que traerte algo.

— No te molestes — me dijo —, ya se ha vuelto un asunto mecánico, como todo lo que ocurre por aquí.

Su respuesta me hirió profundamente.

1 Dale Hanson Bourke, *Everyday Miracles: What Motherhood Really Means* [Milagros cotidianos: el verdadero significado de la maternidad], Word, Dallas, TX, 1989, p. 4.

Otra mamá describe de qué manera la maternidad se interpuso en la relación que tenía con su esposo:

> *Juan y yo hemos disfrutado del matrimonio y no llegábamos a entender de qué podían discutir otras parejas con tanta vehemencia. No es necesario decir que tuvimos una larga luna de miel. El día que nació nuestro primer hijo, de pronto hallamos una extensa lista de diferencias que no teníamos la menor idea de que existieran entre nosotros. Tenemos que recordar constantemente que somos parte del mismo equipo y que estamos en esto juntos.*

Muchas madres admiten que se enamoran de sus bebés, y que esa clase de amor maravilloso y absorbente a veces excluye al esposo.

Mi esposo dice que siente que amo más a nuestros hijos que a él, y me da pena reconocer que pudiera tener razón.

Superar los obstáculos adicionales que dificultan el cultivo de la intimidad en la pareja es desafiante; pero el esfuerzo tiene su recompensa. He aquí algunas sugerencias para afianzar la intimidad con su esposo.

Pregunte. Hágale preguntas a su esposo. No muchas a la vez. Preguntas profundas, interesantes. ¿Cuál es el mayor sueño de su vida? Si pudiera hacer lo que quisiera con su tiempo al llegar a los cincuenta, ¿qué haría?

Aun cuando mi bebé estaba durmiendo me resultaba difícil dedicarme a mi esposo, porque mi oído estaba siempre alerta hacia la pequeña para saber si lloraba. Descubrí que no valía mucho como compañera sexual porque no podía dejar de pensar en la bebé.

¿Con qué tres adjetivos le gustaría que lo describiera?

Haga preguntas que le gustaría que le hicieran a usted. Preguntas que reflejen su propia curiosidad. Preguntas que estimulen a su cónyuge a abrirse, a contarle sus sueños.

Escuche. Después de preguntar, escuche. Abra los oídos y reciba todo lo que oye. Evite el impulso a criticar, a dirigir, a evaluar. Sólo escuche, aceptando todo lo que oye como algo valioso porque refleja algo acerca de la persona a la que ama.

"Es imposible sobrestimar la inmensa necesidad que las personas tienen de ser escuchadas, de ser tomadas en serio, de ser comprendidas — escribe Paul Tournier —. Nadie puede desarrollar su personalidad libremente en este mundo y hallar una vida plena sin sentirse comprendida al menos por una persona."[1]

Actúe. Después de preguntar y escuchar, responda activamente a lo que ha escuchado. ¿Tomó nota de ese matiz en la voz de él que indica cuánto teme que usted no lo tome en serio? ¿Aprovechó la oportunidad que tuvo de halagarlo delante de sus amigos?

Construya intimidad en las cosas pequeñas. Busque su mirada e intercambien un guiño de un lado a otro de la sala. Digan esa palabra de significado especial entre ustedes o hagan una broma íntima. Tómense de la mano, por ejemplo en la iglesia. Tírense besos a través de la ventana.

Arriésguese. No es suficiente recibir la confianza y la amistad que una persona nos ofrezca. Si queremos construir verdadera intimidad con alguien también debemos correr el riesgo de mostrarnos tal como somos.

> *Necesito poder hablarle a mi esposo acerca de las cosas más íntimas y preciosas que guardo en mi corazón; pero me resulta difícil aceptar ser susceptible y dar un paso de fe para confiarle mis sentimientos.*

Caminamos de puntillas al borde de la intimidad, temiendo caer de lleno en ella. Pero eludir el riesgo es privarnos por completo de la intimidad.

Adáptase. Los matrimonios cambian. Es más, debieran hacerlo, porque las personas que lo conforman van cambiando. Cuando nos esforzamos por cultivar intimidad debemos estar dispuestas a adaptarnos

> *Mi esposo y yo seguimos aprendiendo mucho acerca de nosotros mismos y del otro a través de la tarea de ser padres. Y constantemente enfrentamos nuevos temores y ocurren cambios en nuestra persona que influyen en la relación. Mantenernos a la par en uno del otro ha sido todo un desafío.*

en el marco de la relación de cuando en cuando.

Perdone. En cualquier situación en la que dos personas pasen mucho tiempo juntas, es lógico que puedan irritarse el uno al otro de cuando en cuando, a causa de esos pequeños hábitos molestos, aun los que parecían interesantes o divertidos antes de casarse. "Los opuestos se atraen . . . hasta que se casan", reza un dicho popular. Se hace necesario practicar el arte de perdonar. Y también el arte de

1 Paul Tournier, *To Understand Each Other*, John Knox, Atlanta, GA, 1967, pp. 29-30.

no acumular fastidio. "Mantenga cuentas cortas", aconsejó un pastor, citando un pasaje de las Escrituras a una pareja a punto de casarse. "Airaos, pero no pequéis; no se ponga el sol sobre vuestro enojo" (Efesios 4:26). La costumbre de prolongar los motivos de rencilla va construyendo una pared que dificulta la intimidad. *Pregunte. Escuche. Actúe. Arriésguese. Adáptase. Perdone.* Todas estas son sugerencias que contribuyen a construir la intimidad en la pareja. En general, mantener viva la llama de la intimidad en el matrimonio lleva tiempo, esfuerzo y voluntad; pero el esfuerzo redundará en el fortalecimiento y el resguardo de la relación con el cónyuge.

Tenga presente, sin embargo, que procurar la intimidad solamente en la pareja pone demasiada carga sobre una sola relación. Como dice el autor Cecil Osborne en *Psicología del matrimonio*: "No hay parejas perfectas, por la sencilla razón de que no hay personas perfectas, y ninguna persona puede, ella sola, satisfacer completamente las necesidades de otra."[1]

No pretenda que su esposo satisfaga todas sus necesidades. Simplemente, no puede hacerlo. Las madres de niños pequeños, sea que estén casadas, solteras, o físicamente separadas de sus parientes y amigos, necesitan además la intimidad que proviene de la amistad. La escritora y madre, Valerie Bell, describe lo que hace poco comprendió y dio a conocer a los miembros de MOPS:

> Cuando era una joven esposa y madre, recuerdo que estuve sentada junto a la ventana de la casa, jugando a "hacer cálculos" con mis dos hijos pequeños. El diálogo era algo así: "¿Cuánto crees que demorará papá en llegar? Te apuesto que si contamos hasta cincuenta estará aquí." Rara vez mi esposo llegaba la primera vez que contábamos hasta cincuenta. Para los chicos era un juego. Pero para mí, una joven mamá aislada en la casa, cuidando a los niños, no se trataba de un juego. Por cada número que decíamos me llenaba de nostalgia por mi esposo, que a fin de cuentas era el principal eslabón que me unía con el mundo exterior.
>
> Luego, una mañana, una mujer de aproximadamente la misma edad que yo, apareció en mi casa con unas galletas y sus dos hijos. Se llamaba Rosita.
>
> "Tomemos juntas el desayuno, charlemos, seamos amigas." Fue un salvavidas, tanto esa mañana como en las incontables mañanas en que nos contamos nuestros secretos, nos consolamos respecto a los caprichos de nuestros hijos, reímos, soñamos, lloramos y oramos

1 Cecil Osborne, *Psicología del matrimonio*, Editorial Unilit.

juntas. Su amistad me dio un lazo con el mundo externo y un tipo especial de vínculo que ni siquiera mi esposo podía proveer.

Las amistades

Toda mamá suplica recibir esa comprensión que sólo la amistad con otra mujer puede ofrecerle. Esa necesidad comienza muy temprano en la vida. La mayoría de las mujeres recuerdan a esa "primera mejor amiga" durante los años antes de la adolescencia, una amiga a quien le contaban sus secretos, a quien le escribían cartas y con quien pasaban el fin de semana. Durante la adolescencia, la amistad de la mejor amiga empieza a rivalizar con la relación con un enamorado, y esa competencia se mantiene durante la etapa del noviazgo y aun durante los primeros años del matrimonio. Pero luego comienza otra etapa, en la que muchos esposos están dedicando mucho tiempo al trabajo y muchas madres de niños pequeños tienen una enorme necesidad de contar otra vez con amigas íntimas.

> *Necesito encontrar mi alma gemela, mi compañera del corazón. Alguien que sea como yo. Alguien que disfrute haciendo cosas con los niños y que me muestre afecto y aceptación tal como soy. Después de casarme y tener hijos perdí contacto con todas mis amigas mujeres y me dediqué completamente a mi familia. Extraño los diálogos íntimos y la camaradería de la amistad entre mujeres.*

Anhelamos una amistad que sea profunda y nos satisfaga plenamente porque allí encontramos la intimidad que necesitamos: nos sentimos comprendidas.

Aun en la amistad, debemos superar algunos obstáculos específicos. Por ejemplo, podemos sentir la tentación de idealizar a nuestra amiga como si fuera la solución a todos los problemas que nos plantea la etapa de criar pequeños muy exigentes. O pretendemos quizá contar con esa amiga perfecta, que en realidad no existe.

De la misma manera que el matrimonio nunca puede satisfacer toda nuestra necesidad de intimidad, tampoco puede hacerlo una amistad en particular o esa amiga perfecta que anhelamos. Tenemos que ser realistas. . .

> *Tengo muchas amigas y aprecio a cada una. Pero le pido a Dios que pueda hallar una amiga que pueda ser mi mejor amiga. Nuestros esposos necesitan congeniar y sus hijos y los míos deben llevarse bien. Mi deseo es que estemos en la cocina, tomando algún refresco, riéndonos juntas.*

Otra barrera para la amistad es que seamos demasiado posesivas. En ocasiones, actuamos como criaturas de dos años de edad que necesitan declarar enfáticamente que algo es "¡Mío!", antes de poder compartirlo con otros. O somos como ese niño de cinco años de edad que exige a su amiguito que sea su mejor y *único* amigo. En la amistad, como en el matrimonio, un carácter dominante sofoca. Pero a diferencia del matrimonio, en la amistad un rasgo de madurez puede ser la disposición a "compartir" nuestra amiga con otras amistades.

También tenemos que reconocer que las amigas van y vienen en las diferentes etapas o circunstancias de la vida. Algunas amigas se mudan. La situación cambia. Una mujer pudo haber sido una amiga íntima en el lugar de trabajo, pero ahora que usted tiene hijos y está en casa, quizá tengan menos cosas en común. Recientemente, una mujer señaló la diferencia entre "amigas para el sendero de la vida" y "amigas del corazón". No todas las amigas deben ser amigas íntimas, ni toda amistad debe necesariamente durar para siempre. "Las 'amigas para el sendero de la vida' son las personas que Dios pone en nuestro camino por un tiempo breve o con un propósito específico. Pero una amiga del corazón . . . esa es la amistad que está destinada a permanecer."[1]

Sin embargo, conviene dar un consejo más respecto a las amistades íntimas: Cuando transferimos la relación de intimidad emocional de nuestro cónyuge a una amiga, estamos al borde de cometer adulterio *emocional*. Para la mujer casada, las amistades deben ser una relación adicional, que complementen su necesidad de intimidad. Pero no deben reemplazar la necesidad de intimidad en la relación conyugal, o volverla innecesaria.

Una mujer admitió que sus amigas de MOPS la habían ayudado durante los años iniciales de su matrimonio, cuando su esposo era un médico residente y disponía de poco tiempo para ella. Si bien esa clase de ayuda es un consuelo y cubre las necesidades inmediatas, también puede impedir que una mujer construya esa clase de intimidad con su esposo.

Una vez que hayamos entendido las posibles barreras a la intimidad en la amistad, nos preguntamos: ¿Cómo podemos iniciar una amistad íntima? Si bien el conseguir amigas y cultivar amistades es un proceso que lleva toda la vida, aquí ofrecemos algunas sugerencias que le pueden ser útiles en ese proceso.

1 Elizabeth Cody Newenhuyse, "Friendship Fizzle" en *Today's Christian Woman*, enero y febrero de 1995, Nº 51.

Si quiere tener una amiga, sea amigable.

Piense en lo que usted más valora en una amistad y luego esfuércese por cultivar y mostrar esas cualidades.

La mayoría de las personas aprecian las amistades que saben guardar una confidencia. Si esa es la cualidad más importante según su punto de vista, lo que debe hacer es respetar las confidencias que le hacen, en lugar de divulgarlas a diestra y a siniestra. Tal vez usted prefiera una amiga que sepa escuchar sin interrumpir ni juzgar. Entonces, cierre la boca y abra los oídos cuando le toque escuchar. Quizás anhele tener una amiga que le guste el aire libre y la actividad física. Pues bien, comience a salir y a caminar. ¡Quizá conozca a su amiga por ese sendero!

*Busque amistades entre las personas con quienes
tenga cosas en común.*

Durante esta etapa de la vida, las madres necesitan de otras madres para conversar sobre sus penas y sus alegrías. Busque amigas que se hallen en las mismas circunstancias que usted, como otras madres de niños pequeños o madres que tengan hijos con "necesidades especiales". Busque los grupos de apoyo que respondan a sus necesidades peculiares. MOPS es un ejemplo perfecto de esta clase de grupo de apoyo. Esta organización, dirigida a las madres de niños de edad preescolar, tiene lugares de encuentro en iglesias de muchos países.

Esté dispuesta a cultivar amistades inesperadas.

Si una persona de otra cultura, otra fe, otra generación, u otro trasfondo aparece en su vida, usted tendrá la oportunidad de cultivar una amistad inesperada. Esa situación puede presentar ciertos desafíos, tales como ampliar o adaptar nuestras actitudes. Pero a la vez esas amistades especiales también pueden ampliar y estimular nuestro horizonte.

En los "Pasos prácticos" correspondientes a este capítulo, encontrará más sugerencias para identificar las fuentes de intimidad en su vida. Sea en el matrimonio o en la amistad, hay una necesidad muy profunda de intimidad arraigada en nuestro ser. Las madres necesitan ser comprendidas. Cuando comprendemos esa necesidad y nos disponemos a responder a ella de manera adecuada, estaremos mejor preparadas para ser la clase de madres que queremos ser para nuestros hijos.

Pasos Prácticos

PASO PRÁCTICO Nº 1:

Aumente la intimidad en su matrimonio

Responder a las siguientes preguntas le ayudará a incrementar el nivel de intimidad con su pareja:

1. Verdadero o falso: Mantengo un vivo interés en los asuntos laborales de mi esposo y hago un esfuerzo por estar al tanto de los nombres, los problemas y los aspectos de su trabajo que él comenta conmigo.

2. Verdadero o falso: Mi esposo y yo hemos dado prioridad a nuestro matrimonio, dándole más importancia que la relación con nuestros hijos.

3. Verdadero o falso: Todas las semanas pasamos algún tiempo juntos, solos.

4. Mi esposo y yo conversamos abiertamente acerca de lo que sentimos respecto a las normas de crianza de los niños, cómo gastar el dinero, las tareas del hogar, las metas y las cosas que consideramos importantes.

5. Piense en la etapa cuando eran novios. ¿Qué cosas hacían entonces, que le gustaría hacer más a menudo ahora? Anote tres actividades que pudieran volver a incluir en su relación.

_____

_____

_____

6. ¿Cuándo pasan más tiempo conversando? (En el auto, cuando salen a cenar, después que los niños se duermen?) Aprovechen esas situaciones y usen ese tiempo para conversar.

_____

_____

_____

7. Enumere tres cosas que pudiera hacer para que su esposo disfrute más de este nuevo papel que le corresponde.

_____

_____

_____

8. Enumere tres cosas, al parecer insignificantes, que pudiera hacer para mejor el tiempo que comparte con su esposo.

_____

_____

_____

9. ¿Cómo distribuyen entre usted y su esposo las tareas hogareñas y la crianza de los hijos? ¿Está usted satisfecha con ese arreglo? ¿Qué le gustaría que cambiara?

_____

_____

_____

10. ¿Cuáles son las expectativas poco realistas que usted tiene respecto al matrimonio y a la crianza de los hijos?

_____

_____

_____

11. ¿Cuáles cree que son las tres mayores preocupaciones que tiene su esposo? Pregúntele y vea si tiene razón.

_____

_____

_____

12. ¿Cuáles cree que son sus tres mejores cualidades como esposa? Pregúntele a su esposo cuáles son las virtudes que él ve en usted, y compare. De la misma forma, anote cuáles son los tres mejores rasgos

de su esposo, como cónyuge. Pregúntele a su esposo cuáles piensa que son y compárelas.[1]

_____

_____

_____

PASO PRÁCTICO Nº 2:

Aprenda la diferencia entre un romance y el verdadero amor

A lo largo de la historia, la gente ha intentado describir la diferencia entre un romance y el amor auténtico. La escritora Marjorie Holmes ofrece las siguientes observaciones que, aunque sutiles, son importantes:

El romance es buscar la perfección . . . *El amor* es perdonar las faltas.

El romance es pasajero . . . *El amor* perdura.

El romance es como estar en vuelo . . . *El amor* es como un aterrizaje seguro.

El romance es la ansiedad de esperar que suene el teléfono para oír una voz que susurre palabras enternecedoras . . . *El amor* es la ansiedad de esperar una llamada telefónica que nos asegure que alguien está feliz y seguro.

El romance es apasionado; siempre se esfuerza por parecer atractivo al otro . . . *El amor* es cuando los enamorados se ven hermosos, no importa qué aspecto tengan.

El romance es bailar a la luz de la luna; es mirar largamente los ojos del amado a la luz de un candelabro . . . *El amor* es decir: "Estás cansado, mi amor, yo me levantaré esta vez", y levantarse a tientas en la oscuridad para calentar un biberón o consolar a un niño asustado.[2]

PASO PRÁCTICO Nº 3:
FOMENTE Y CULTIVE AMISTADES

• No se sienta culpable por dedicar tiempo a actividades de

1 Reimpreso y adaptado de Cindy Tolliver, *At-Home Motherhood*, Resource Publications, San José, CA, 1994, pp. 40-41.

2 Marjorie Holmes, "Turning Sweet Nothings into Sweet Somethings", en *Enfoque a la Familia*, febrero de 1988, Nº 6.

carácter sociable. No es una pérdida de tiempo. Usted necesita esa interacción. Si ha dejado su profesión para dedicarse al hogar, piense que parte de su tarea es adjudicarse incentivos. Esos estaban incorporados de forma natural cuando trabajaba fuera del hogar.

• Sea voluntaria. Cuanto más haga en su comunidad, tanto mayores serán las posibilidades de encontrarse con gente. Compartir algún trabajo promueve buenas conversaciones y respeto mutuo. Esa es con frecuencia la mejor alternativa para una persona tímida.

• Combine las diligencias o la gimnasia diaria con encuentros para conversar un rato con sus amigas. Por ejemplo, si tiene que ir de compras, hágalo junto con una amiga. Trate que su hijo o su hija y el de su amiga tomen la misma clase de natación. Converse con sus amigas por teléfono mientras ordena la ropa lavada, seca los platos o hacer cualquier otra tarea que no requiere concentración.

• Sea organizadora de encuentros sociales. A todos les encanta participar de esos acontecimientos; pero no todos dedicarían el tiempo que se requiere para preparar un encuentro. Si está planeando ir a una serie de conferencias o a una presentación de teatro para niños, pídale a una amiga que la acompañe. Lea cuidadosamente la sección de espectáculos en el periódico para encontrar los programas que pueden ser de interés para las madres y sus hijos, y luego reúna a un grupo. Si es un día de clima agradable, llame a dos o tres madres y propóngales encontrarse en el parque para el almuerzo. Organice grupos de debate para las amas de casa.

• Mantenga una actitud positiva. Eso puede parecer obvio, pero es fundamental para tener amistades. Nos sentimos atraídas hacia personas que nos estimulan a expresar lo mejor y más preciado que hay en nuestro ser interior. En cambio, eludimos a las personas que siempre se quejan o que critican duramente a los demás. Por otro lado, si está satisfecha con lo que está haciendo y lo muestra, los demás disfrutarán de su compañía.

• Tenga en cuenta las fluctuaciones en el curso de la amistad. En algunas ocasiones, necesitamos prescindir de las amistades para tomar tiempo a solas, o darles esa oportunidad a nuestras amigas.

- Si nota un conflicto en alguna amistad, analice las causas. Pida disculpas si ha lastimado a alguien. Si su amiga la ha herido, dígaselo con toda sinceridad y amabilidad. Si su amiga la ha decepcionado de alguna forma, recuerde que un aspecto de la amistad es perdonar las debilidades de los demás. En algunas ocasiones, es posible que no apruebe la manera de actuar de una amiga. Si cree que eso no dañaría la relación, déle sugerencias y espere que la situación cambie. Pero si nota que su amiga sigue produciendo caos en su propia vida y en la de otros debido a su comportamiento, para bien propio, tal vez tenga que dejar la relación con esa persona.

- No tema pedirles favores a sus amigas. Los compromisos mutuos nos unen más profundamente. La conocida máxima de que no prestemos ni pidamos prestado no se aplica aquí, siempre y cuando sepamos devolver los objetos en buen estado y dentro de un tiempo prudente.

- No tome parte en las polémicas que se generan entre madres que trabajan fuera del hogar y las que se dedican únicamente a ser amas de casa. Nos necesitamos unas a otras y tenemos tanto en común que no debemos considerarnos como enemigas. ¿Puede mantener la amistad con sus amigas que trabajan fuera del hogar? Por supuesto. Tendrán mucho de qué conversar, siempre y cuando usted mantenga vivos otros intereses que lavar los pañales y barrer el piso. La confianza en sí misma es su principal recurso para relacionarse con las mujeres que trabajan fuera del hogar. Si no está lo bastante segura del valor que tiene el trabajo que usted hace en su hogar, quizás descubra que pasar tiempo con sus amigas que siguen ejerciendo su profesión le genera tensión en lugar de rejuvenecimiento. Sin embargo, tenga presente que muchos empleos carecen de esplendor, estímulo o buena retribución salarial. Es posible que ellas envidien la libertad que usted tiene.

- No permita que amistades valiosas se vayan enfriando. Establezca fechas fijas en las que pueda encontrarse con sus amigas. No deje de compartir las cosas que les gustan a ambas: espectáculos deportivos, conciertos, o cosas semejantes.

- Tenga esto en mente: "Para tener amigas hay que ser amigable." Procure hallar maneras de alegrar la vida de sus amigas. Esté disponible cuando la necesiten. Cuando esté con ellas, escuche con atención y sin actitud de juicio. Cuando su amiga tenga un problema, procure ayudarla a llegar a sus propias conclusiones al respecto. Si resulta necesario, ayúdela a encontrar ayuda en otras personas. No tema ser franca con una amiga. Las máscaras cansan; la verdad, jamás.[1]

PASO PRÁCTICO Nº 4:

Siga estas pautas para forjar amistades:

SÍ DEBE:

Haga una evaluación de las personas que integran su vida. Quizá esa amiga del alma la encuentre entre sus parientes o sus conocidos. Si no es así, aventúrese a tomar parte activa en un club, en la iglesia o en una entidad de trabajo social.

Sea estimuladora. La sinceridad es una buena norma; pero la crítica es aplastante. Si su opinión puede lastimar una amistad, no la exprese. La diplomacia brinda muchos beneficios.

No participe en los chismes. En Proverbios 11:13 dice: "El que anda en chismes descubre el secreto; mas el de espíritu fiel lo guarda todo." Es fácil dar una opinión sobre otras personas. Pero su amiga va a razonar de la siguiente manera: "Si habla acerca de otros a sus espaldas, es posible que haga lo mismo conmigo."

Haga un horario de visitas. Es importante para su salud física que dedique tiempo para hacer ejercicios; de la misma forma, también necesita ubicar en su agenda el tiempo para visitar a sus amigas, para beneficio de su salud emocional.

Sea espontánea. Llame a su amiga cuando sienta el impulso de hacerlo, simplemente para saber cómo está y para recordarle que la quiere. El mundo puede ser frío y hostil. Recibir un poco de cordialidad es un grato cambio.

NO DEBE:

No dé por sentado que su nueva amiga siente lo mismo que usted. Cuando la llame, antes de lanzarse a conversar, pregúntele si el momento es adecuado. Y cuando se encuentren, preste atención para percibir su estado de ánimo. Si es negativo, no lo tome como una agresión contra usted. Quizás está reaccionando ante otra cosa, o simplemente necesita alguien que la escuche con sensibilidad.

1 Op. cit., Tolliver, pp. 52-55.

No hable de usted misma en primer término, a menos que se lo pidan. Por cierto, hay excepciones a esta pauta, pero procure percibir si la otra persona tiene necesidad de expresar lo que alberga en su mente. Satisfaga primero la necesidad de su amiga, y es más probable que ella luego pueda prestarle atención a usted sin desconcentrarse.

No pasen demasiado tiempo juntas. Cuando uno disfruta de algo bueno, es posible excederse. Lo mismo ocurre con las amistades. Después de un tiempo, van a empezar a impacientarse mutuamente. Pongan distancia por un lapso breve, y descubrirán que se relajan y que el aprecio mutuo se renueva.

No piense que tienen que tener mucho en común. Amplíe sus horizontes. Algunas de las amistades más atractivas son las que tienen personalidades opuestas. Una amiga con intereses diferentes puede ampliar su perspectiva e interesarla en nuevas actividades.[1]

PASO PRÁCTICO Nº 5:

Cuando se sienta sola, pruebe lo siguiente:

Cada vez que se sienta sola, tome la iniciativa en una o más de las siguientes alternativas:

• Llame a alguien por teléfono.

• Póngase en actividad. Salga a caminar. Limpie una habitación.

• Esté en silencio. Transforme la soledad en retiro y quietud.

• Tenga una actitud mental positiva. Resista el espiral descendente de lo negativo. Pase lista a las bendiciones de las que goza.

• Escriba una nota de estímulo para otra persona.

• Comprométase. La mejor forma de satisfacer la necesidad de intimidad es dar amistad a otra persona.

PASO PRÁCTICO Nº 6:

Permita que Jesús sea su Amigo

Las palabras escritas por la Hermana Basilea Schink pueden

---

1 Marsha Gallardo, "The Do's and Don'ts of Friendship Building", en *Today's Christian Woman*, septiembre y octubre de 1994, p. 72.

ser de consuelo y orientación para usted:

> En su amor, el Señor ha planeado que transitemos senderos solitarios, no para que nuestro corazón se sienta atormentado y amargado, sino para que lo busquemos y nos acerquemos más a Él."[1]

PASO PRÁCTICO N° 7:

Memorice citas inspiradoras

Un amigo es un regalo que nos hacemos a nosotros mismos.

Roberto Louis Stevenson

Cuando percibimos un reflejo de nuestro ser en el alma de otra persona, significa que ha comenzado una amistad.

Pauline R. Pritchard

Las amistades no se fabrican, más bien se descubren.

Harriet Beecher Stowe

Un buen amigo no se fija en la cerca derruida sino en las flores hermosas que hay en la ventana.

Anónimo

Los amigos aprecian las esperanzas de uno y otro, y atesoran mutuamente sus sueños.

Henry David Thoreau

En cada uno de nosotros hay rincones donde sólo un amigo puede llegar.

Michele Bryson

El anhelo de llegar a ser amigos puede ser instantáneo, pero la amistad misma es un fruto que madura lentamente.

Aristóteles

---

1 Hermana Basilea Schink, *The Hidden Treasure in Suffering*, Marshall, Morgan & Scott, Lakeland, MI, 1985, pp. 35-36.

Máxima para las madres

Ser comprendida por otra persona me ayuda a comprenderme a mí misma.

Instrucción:

A veces no sé qué hacer

Chilló a voz en cuello el pequeño Benjamín, de tres años de edad:

— ¡No! ¡No quiero sentarme a comer, y no me vas a obligar!

Ruth dirigió una mirada de pánico a su esposo, que estaba sentado al otro extremo de la mesa. Ruth lo veía venir: Benjamín estaba a punto de tener una pataleta delante de sus suegros y de todos los hermanos de David, que también estaban de visita con sus hijos, muy bien educados. Ruth no tenía la menor idea de qué hacer.

— Está cansado — dijo mientras sonreía débilmente tratando de excusar la conducta poco apropiada de su hijito —. A fin de cuentas, hemos estado viajando en el auto durante casi ocho horas.

En ese momento, David tomó con fuerza a Benjamín e intentó obligarlo a quedarse en su asiento. Ruth percibía la tensión en el rostro de su esposo.

— ¡Suéltame, papito! ¡Mamá! ¡Quiero ir con mamá! — gritaba Benjamín.

Ruth se acercó a levantarlo, pero el niño se escurrió y salió llorando hacia la cocina. Ruth y David salieron ambos como una flecha tras él, mientras todos los parientes observaban la escena. Sin mirarlos siquiera Ruth podía sentir cómo la ajusticiaban.

— Ruth — siseó David sobre su hombro, mientras apresaba al niño —. Te dije que no le diéramos Coca-Cola. Lo ha puesto nervioso y ya no va a calmarse.

Ruth logró mantener una sonrisa compuesta. Pero por debajo de la máscara, estaba juntando vapor: contra David, contra Benjamín, contra el matrimonio y los niños de tres años de edad y las visitas a los parientes políticos, y contra la incertidumbre respecto a darle a un niño una gaseosa, una paliza o una penitencia . . . o qué.

¿Y cómo habría de saberlo, después de todo? Nunca antes había sido mamá, y en su familia las cosas se hacían de manera muy distinta. Tampoco era que quisiera tomarlos a ellos como modelo, al menos no en detalle.

De pronto se sintió demasiado exhausta para este tipo de preguntas sin respuestas claras. La vida era tanto más simple antes de ser madre . . . ¡Ahora, había un sinfín de situaciones en las que simplemente no sabía qué hacer!

¿QUÉ DEBE HACER UNA MAMÁ?

Cuando una mujer se transforma en madre, entra en territorio desconocido. Quizás hayamos observado a nuestra propia madre criándonos, a nuestra abuela haciendo lo propio, a una buena amiga educando a sus hijos. Tal vez también tomamos nota de lo que hacía una mujer con su niño en la cola del supermercado. Pero aun así, llegamos a la maternidad sin la menor idea de lo que significa criar a nuestro propio hijo.

> *Me dieron el cargo de madre sin entregarme un manual de instrucciones. Pasé, de una tarea profesional realizada en equipo, a ser madre de tiempo completo. Necesitaba ayuda para hacer la transición. En el mundo laboral, siempre me sentía tranquila y en control de la situación, pero la maternidad me abrió las puertas a un mundo de incertidumbre y advertí que tenía mucho que aprender.*

No sólo eso, sino que durante las etapas iniciales de la maternidad tampoco tenemos información respecto a lo que se supone que debe ser el matrimonio, cómo administrar nuestro tiempo con relación a tantas otras personas que dependen de nosotras, cómo mantener el control de la economía, cómo entender nuestro valor y nuestra identidad como mujeres y madres.

Cuando llegamos a la maternidad, nos hacemos la pregunta que se hace toda madre: ¿Qué debo hacer?

PREGUNTAS, PREGUNTAS Y MÁS PREGUNTAS

Las madres expresan esta necesidad con manifestaciones emocionales. Algunos interrogantes se refieren a cuestiones básicas sobre cómo organizar el día, cómo cambiar pañales, qué darle de comer y cuándo.

No sabía nada acerca de niños. Yo misma había sido hija única y nunca había cuidado niños cuando adolescente.

— ❧ —

Durante el embarazo, pasé mucho tiempo preparándome para el parto pero absolutamente ningún tiempo preparándome para después del nacimiento del bebé. Me imaginé que eso vendría naturalmente. ¡Qué ingenuidad!

— ❧ —

Soy enfermera, pero cuando se trata de mi bebé y sus enfermedades, no sé qué hacer. Llamo al médico llena de pánico por cualquier síntoma. En cambio, puedo dar consejos sobre cuestiones de salud cuando mis amigas tienen problemas con sus hijos.

A medida que seguimos cumpliendo la tarea de ser madre, vamos pasando de las preguntas sobre la mera supervivencia a otras que están más relacionadas con cuestiones permanentes. El cincuenta y cuatro por ciento de las madres que fueron entrevistadas por la revista *Redbook* informan que son tan buenas madres como lo fueron sus propias madres. Sin embargo, su confianza declina a medida que sus hijos crecen y el enfoque gira hacia cuestiones más profundas y permanentes. Más allá de la simple supervivencia, ¿cómo hacemos para nutrir la vida de los seres que nos han sido confiados?

Una cosa que me sorprendió fue reconocer lo poco que sabía respecto a la crianza de hijos. No me refiero a cómo vestirlo o cómo darle de comer; me refiero a cómo cultivar su personalidad peculiar. La sensación de mi tremenda responsabilidad no ha hecho más que crecer durante estos veintiún meses desde su nacimiento.

— ❧ —

Había anticipado lo que sería cuidar un bebé recién nacido; pero luego mi imaginación daba un salto hasta los ocho años de edad, cuando saldríamos con nuestro hijo a montar en bicicleta o trepar montañas. Me había olvidado del lapso que media entre uno y siete años de edad. ¡Socorro!

Las preguntas son interminables:

• ¿Cómo logro que mi hijo se duerma toda la noche?

- ¿Cómo hallar tiempo para que mi esposo y yo podamos estar solos?

- ¿Cómo completar las tareas ahora que son dos niños en lugar de uno?

- ¿Cómo debo reaccionar a las opiniones críticas de mi suegra respecto a la crianza de mis hijos?

- ¿Cómo ejercer la disciplina? ¿Debo castigarlos o no? Si lo hago, ¿cómo y hasta qué edad? Si no los castigo físicamente, ¿cómo debo disciplinarlos?

- ¿Cuándo debo entrenar a mi hijo a no usar pañales y *cómo* se hace?

¿Qué hago cuando mi hijo de cinco años de edad miente otra vez? ¿Estoy educando a mis hijos para que lleguen a ser adultos productivos? ¿Compartirán mi fe en Dios y aceptarán los valores espirituales y morales que creo correctos? ¿Qué papel juega mi esposo en esto? ¿Estoy leyendo los libros adecuados?

- ¿Qué de las peleas entre hermanos? ¡Los niños me están volviendo loca con sus rivalidades!

- ¿Cuánta televisión debo dejarles mirar?

- ¿Qué de la escuela? ¿Debemos enviar a los hijos a una escuela pública o a una escuela privada?

- ¿Debo quedarme en casa con los niños o trabajar fuera del hogar?

- ¿Cómo debo administrar el dinero?

Sea que estén enfocadas a las destrezas necesarias para la supervivencia o a los asuntos más complejos del crecimiento y el desarrollo, las madres de niños pequeños siempre se están haciendo preguntas. ¿Dónde encontraremos las respuestas que buscamos?

LAS BIBLIOTECAS DONDE PODEMOS APRENDER

Hay cinco fuentes que proveen la información esencial respecto a la crianza de los hijos. Casi todas las madres descubren que necesitan pasar tiempo en cinco bibliotecas donde podrán aprender lo necesario para ejercer esta profesión de la maternidad.

El instinto maternal

Toda madre tiene un sentido innato que le permite percibir lo que su hijo necesita. El pediatra, doctor William Sears, observa: "Dios no le hubiera dado a usted este niño sin darle al mismo tiempo los recursos para cuidarlo."[1] Aun las madres adoptivas aluden a una intuición que parece haberse instalado en ellas en el momento en que sus bebés fueron puestos en sus brazos.

Aunque difícil de demostrar y fácil de dejar a un lado, la biblioteca del instinto maternal es uno de los sitios donde la madre debe aprender a confiar en la respuesta que su corazón le dicta para su propio hijo.

Hay un sentido en que la maternidad es instintiva. Una madre conoce intrínsecamente a su hijo. La biblioteca del instinto maternal le enseña a confiar en esta reacción instintiva. Pocas madres necesitan que se les enseñe a acunar un bebé nervioso. La mayoría respondemos instintivamente a ese llanto y podemos interpretar rápidamente su significado. A veces hasta nos despertamos de noche aún antes que haya empezado a lloriquear el niño. No hemos tomado cursos sobre cómo hacer morisquetas, risitas y sonidos infantiles; sin embargo, reaccionamos naturalmente cuando nuestro bebé empieza a hablar en su "lenguaje".

> *Pensaba que mi paciencia se agotaría mucho más rápido. Recuerdo la semana en la que mi hija tiró por el inodoro cuatro rollos nuevos de papel higiénico, todo un frasco de sales de baño y hasta las llaves del auto. Pero en lugar de ponerme furiosa, simplemente pesqué los objetos del inodoro, retiré a mi hija del baño y dirigí su interés hacia otra cosa. Supongo que me había subestimado respecto a lo que se requiere para ser una buena madre. También he aprendido que la maternidad consiste en un veinticinco por ciento de conocimiento aprendido y un setenta y cinco por ciento de instinto.*
>
> — ❧ —
>
> *Hay ocasiones en las que me siento insegura respecto a qué hacer. Pero hablando con otros padres, y escuchando lo que me dicta mi corazón, nos las arreglamos bastante bien.*

Información sobre la maternidad y la crianza

Si bien algunos aspectos de la maternidad son instintivos, se puede aprender qué hacer y en qué momento hacerlo. Ser madre es una destreza que llega a ser más fácil con cierto conocimiento y cierta práctica. Aun así, algunas madres siguen inseguras.

1 William Sears, M.D., y Martha Sears, R.N., *The Baby Planner*, Thomas Nelson, Nashville, TN, 1994, p. 2.

Cuando estaba embarazada, di por sentado que sabría instintivamente qué hacer. El día que nació mi bebé, me cayó como una bomba la certeza de que ser mamá no era tan natural; me sentía nerviosa por sólo tenerla en brazos. Me sentía totalmente insuficiente en mi papel de madre y necesitaba ayuda.

— ❧ —

Me gradué de la universidad con notas muy altas; pero cuando nació mi primer bebé no sabía qué hacer. Inmediatamente, me inscribí en las clases para padres que se daban en el hospital de la zona y leí todo lo que pude al respecto.

La importancia de saber qué hacer y en qué momento no debe ser subestimada. Tenemos que aprender qué medicamentos sirven para qué tipo de enfermedades, qué alimentos detienen la diarrea, cuándo podemos esperar que el niño gatee, cuándo podrá caminar, y cómo organizar una casa a prueba de niños.

Aquí radica el crucial equilibrio entre el corazón (el instinto maternal) y la cabeza (la información). El instinto maternal puede decirle que su niño no se está sintiendo muy bien. ¿Tiene algo extraño en la mirada? ¿Está más apegado a usted que lo normal? ¿Le parece que no está bien, aunque no tenga nada de fiebre? Si es así, la información necesaria le dirá lo que debe hacer. Tómele la temperatura. Adminístrele un medicamento. Déle a beber bastante agua.

En la biblioteca del instinto maternal, aprendemos a escuchar la reacción de nuestro corazón hacia el niño. En la biblioteca de la información maternal aprendemos a encontrar las respuestas. El instinto maternal es innato. El conocimiento maternal es adquirido. Necesitamos de ambos, porque funcionan en conjunto.

Las acciones basadas solamente en el instinto pueden conducir a la sobreprotección, a la exageración, o lisa y llanamente al error. Por ejemplo, aunque nuestro instinto es proteger a nuestros hijos, la sobreprotección puede paralizarlos emocionalmente. Por otro lado, las acciones basadas solamente en la información pueden pasar por alto verdades sutiles y hacer daño a un espíritu sensible. Necesitamos el equilibrio entre ambos.

Los conceptos que valoramos

Toda madre se aferra a ciertos valores morales y espirituales básicos que anhela trasmitir a sus hijos. Esos conceptos nos ayudan a tomar decisiones. Nos inspiran a seguir cuando desearíamos renunciar. Nos motivan a cambiar cuando sería más fácil no cambiar nada. Los valores morales y espirituales son las pautas esenciales por las cuales vivimos.

En la biblioteca de los conceptos que valoramos decidimos intencionalmente cuáles de esos ideales serán expresados y volcados en la vida diaria: ante los niños, ante otras familias, ante el mundo en el que vivimos.

Algunas mujeres hemos seguido un sistema de valores que ya estaba instaurado cuando éramos pequeñitas. Otras estamos construyendo ese sistema sobre una base muy pequeña, que se va ampliando a medida que nos vamos desarrollando. Inclusive hay otras mujeres que acababan de descubrir lo que en realidad tiene valor y quizá lo están expresando por primera vez en su vida.

¿Cuál quiere usted que sea la razón de ser de su vida? ¿Qué ideales desea que sus hijos hereden y asuman con igual compromiso? Esos principios son las máximas que gobiernan su papel como madre. Son las pautas que orientan su tarea. Son la verdad que la dirige. Son las verdades absolutas que desea que sus hijos asuman como propias. Al final de cada capítulo encontrará ejemplos de esas "máximas para las madres".

¿Necesita un ejemplo? Aquí lo tiene: "La meta de la crianza es enseñarle a un niño a no depender de nosotras. Educarlo es lograr que no nos necesite." Como fundamento de esta máxima está la creencia de que el papel de la madre en la vida de un niño es conducirlo hasta llegar a ser un individuo independiente que puede vivir de manera confiada y eficiente.

¿Otra? "La Biblia es válida hoy y sus principios son aplicables a la vida cotidiana porque la Biblia es la Palabra de Dios." En la raíz de esa máxima está la creencia de que la verdad que enseña la Biblia trasciende el tiempo, y podemos confiar en su ayuda para responder a los desafíos contemporáneos. Dios nos habla a través de la Biblia.

¿Cuáles son sus máximas como madre? Para saber qué hacer en la vida de su hijo, en su matrimonio, en su propia vida, generalmente tiene que empezar por saber qué es en realidad importante para usted. Antes de mirar hacia afuera en busca de ayuda, mire *adentro* para descubrir qué valora y por qué.

El cónsejo de expertos

Hay respuestas, respuestas y más respuestas disponibles para las madres que se hacen preguntas. Hay un sinfín de fuentes que convergen a esta biblioteca del consejo especializado. A veces, las respuestas nos bombardean aun antes que nos hayamos hecho las preguntas. Muchas madres pasan mucho tiempo divagando entre los muchos recursos que tienen a su alcance.

Considere, por ejemplo, los medios de comunicación. En una etapa en que no es fácil salir de la casa para buscar otras fuentes de información, las madres de niños pequeños se sienten tentadas a considerar como sagrado el punto de vista que le ofrecen las novelas de la televisión, los gurúes de las emisoras radiales o las revistas femeninas. Si bien esas fuentes nos entretienen y nos brindan alguna ayuda, debemos preguntarnos si la información que ofrecen es completa y adecuada. ¿Podemos confiar en los medios de comunicación?

Siempre pensé que ser mamá iba a ser fácil en tanto me ajustara a las instrucciones del manual, pero en muy poco tiempo me di cuenta de que en realidad hay más de un manual y cada uno dice algo distinto.

— ❧ —

Desearía tener un solo libro de "Preguntas y respuestas" con todas las respuestas relativas a la salud, la disciplina y el desarrollo.

También contamos con los profesionales de la salud. Muchas madres confían en el consejo práctico de su pediatra o del médico de la familia. Preguntas que van desde un dolor de oídos hasta una diarrea encontrarán respuesta si nos mantenemos en comunicación directa con un médico. Toda madre debe contar con uno.

¿Qué decir de los libros? Hay cualquier cantidad de libros disponibles, sobre cada tema imaginable. Toda esa información brindada por especialistas puede llegar a ser abrumadora.

Las madres necesitan alguna clase de sistema para seleccionar lo mejor de esta librería especializada. Sin las herramientas para hacerlo, nos sentimos inseguras sobre qué libros comprar. Hay varias pautas que pueden ayudarnos a abrirnos paso por este laberinto de opiniones.

- *Controle las credenciales.* Todo especialista tiene un trasfondo que le es propio. Antes de aceptar su consejo, lea la información sobre la persona. ¿Dónde se formó? ¿Cuáles son sus opiniones básicas? ¿Coinciden sus valores morales y espirituales con los que tiene usted, o los contradicen?

- *Pida una segunda opinión.* Evite la tentación de ser seguidora de una sola teoría. La sabiduría a menudo se obtiene de una variedad de fuentes. Recoger más información le ayudará a tomar buenas decisiones.

Por ejemplo, cuando esté escogiendo un método de disciplina, investigue los distintos enfoques antes de optar por uno definido. Y luego, a lo largo del desarrollo de su hijo, continúe su investigación y evalúe nuevamente los enfoques a medida que cambian las necesidades de su hijo o su hija.

- *Sepa discernir.* Razone críticamente. Pregúntese: ¿Es coherente este enfoque? ¿Contradice mis conceptos o el sentido común? ¿Es compatible con lo que enseña la Biblia?

- *Ponga a prueba el consejo.* Una vez que descubre algún consejo que cree que puede funcionar, pruébelo. Si no funciona, adáptelo para acomodarlo a las necesidades de su hijo. Si aun así no funciona, descártelo y busque otra idea.

Uno de los principios que le trasmite un especialista puede ser válido, mientras que otro puede no serlo en absoluto. Por ejemplo, un método que se sugiere para la administración del tiempo puede ser útil en los primeros años de crianza de los niños y tornarse totalmente inapropiado a medida que crecen. Antes de incorporar consejos a su vida y la de su familia, pruébelos.

La biblioteca de consejo especializado es una de las fuentes más surtidas de instrucción disponibles para las madres de niños pequeños. Pero antes de escoger recursos del estante al azar, aprenda cómo usar esta biblioteca. Diseñe un sistema de selección que le sea útil a usted.

Las amigas mayores

En la revista *Virtue*, Beth Sharpton expresa el anhelo íntimo de muchas madres: "La mayor parte de mi conocimiento sobre ser mujer y madre proviene de libros, pero anhelo tener una amiga que haya perseverado en la crianza de los hijos y otros aspectos de la vida, que pueda enseñarme a partir de su ejemplo y su experiencia."[1]

Las amigas mayores pueden ofrecer instrucción de primera mano a otras madres respecto a cómo administrar el tiempo y cómo llevar bien las relaciones, y desde un punto de vista personal pueden aconsejar sobre la formación de los niños. Tradicionalmen-

1 Beth Sharpton, "Who Will Be There for Us?" en *Virtue*, junio de 1993, p. 44.

te, era la propia madre de una mamá quien asumía esta función e instruía a su hija respecto a cómo cuidar de un niño y otras cuestiones de la vida familiar. Desafortunadamente, muchas madres no viven hoy cerca de su propia madre ni tienen esa clase de relación con ella, de modo que otras personas asumen la tutoría.

En la leyenda griega *La odisea*, Mentor era el fiel amigo de Ulises. Cuando éste fue a luchar en la guerra de Troya, le confió a Mentor el cuidado y la educación de su hijo Telémaco. Con el tiempo, la palabra *mentor* ha llegado a connotar una persona sabia, un consejero, un maestro.

El mentor de una madre es una mujer que ya escaló la montaña que esa mamá se propone escalar. Ella ya caminó por allí y conoce el sendero. Se acerca a la joven madre y le ofrece estímulo, y le asegura que ella también puede hacerlo. Contando con su propia experiencia de vida, puede enseñar cosas relativas a cómo criar los hijos, cómo organizar la vida, cómo desarrollar las habilidades y el carácter. Para una joven madre que nunca vio hacer eso de la manera correcta, puede ser oportuno que alguien se lo muestre con el ejemplo. Una amiga mayor está en condiciones de darle pistas respecto a lo que puede ser el matrimonio con el paso del tiempo, o cómo solucionar algunos aspectos difíciles en la amistad.

Una guía y consejera no es una 'sabelotodo'. No es una experta con certificado en la materia ni credenciales que realzan su nombre, aunque quizá cuenta con cierta capacitación formal. Simplemente, es una mamá que ya pasó por los años más difíciles de la crianza de los hijos. Aprendió de sus propios errores, disfrutó de algunos éxitos y ahora puede enseñarles lo que ha aprendido a las mujeres que apenas se están iniciando en la maternidad.

En los grupos de MOPS, las mujeres consejeras aprenden a seguir el modelo de la mujer descrita en la carta de Pablo a Tito: "Las ancianas asimismo sean reverentes en su porte . . . que enseñen a las mujeres jóvenes a amar a sus maridos y a sus hijos, a ser prudentes, castas, cuidadosas de su casa, buenas, sujetas a sus maridos, para que la palabra de Dios no sea blasfemada" (Tito 2:3-5). Lo ideal es que cada grupo se beneficie de la presencia de una madre mayor que cuente sus experiencias, con actitud gentil y práctica, y luego esté disponible para las consultas personales.

Alrededor nuestro hay muchos mentores. Los encontramos en las iglesias, en la familia, en las amistades de distintas edades. Si usted está ansiosa por encontrar alguien que sea su consejera en la tarea de ser mamá, busque una persona que sea sincera y prudente, que tenga juicio crítico y que pueda estimularla. Obsérvela desde cierta distancia antes de iniciar la relación. Luego, tome valor y pregúntele si puede visitarla, simplemente para ver cómo se las arregla con los hijos. La tarea de tutoría no tiene que hacerse necesariamente de manera formal; tampoco aprenderá de una sola persona todo lo que necesita saber.

Otras madres

Probablemente, la fuente más común que consultan las madres es su relación con otras madres.

Una mamá le pregunta a su colega en el trabajo qué puede hacer con su hija indisciplinada. Las vecinas intercambian puntos de vista mientras los pequeños juegan en sus triciclos. Aunque muchas madres viven aisladas física o emocionalmente de sus familiares, que podrían ayudarlas en esta instancia, hay algunas que viven lo bastante cerca de los parientes como para confiar en su apoyo.

Muchas madres asisten a una iglesia donde se les ofrece enseñanza y apoyo. Los programas especiales para las madres, las relaciones intergeneracionales y las actividades para fechas conmemorativas como el Día de las Madres, ofrecen instrucción que va desde la disciplina hasta la administración del presupuesto.

Sea formal o espon-

Como madre de niños pequeños, necesito conversar con otras madres que tienen las mismas preocupaciones, que también se ocupan activamente del desarrollo mental, emocional y, especialmente, espiritual de sus hijos.

— ❧ —

Recientemente me sentía muy preocupada por la cantidad de tiempo que mis hijos pasaban frente al televisor. Recordé a otra mamá que una vez había descrito su solución a ese problema. Les entregaba a sus hijos tarjetas de ingreso para cada programa televisivo. La llamé por teléfono y estuvimos conversando un buen rato. ¡Al cabo de tres semanas, mis hijos se acostumbraron a ver un mínimo de programas de televisión por día!

— ❧ —

Escuché a un conferenciante hablar sobre las rivalidades entre hermanos y luego obtuve algunas sugerencias entre los asistentes, cuando pasamos a debatir la charla entre todos. Mis hijos todavía pelean entre sí. ¡Pero ahora estoy equipada con algunas ideas novedosas y muy buenas que puedo poner en práctica!

tánea, en grupo o individual, las madres necesitan la comunión que ofrece el compañerismo de otras madres. Después de haber estado despierta toda la noche atendiendo un bebé, una mamá se consuela si puede conversar por teléfono con una amiga a la que le pasó lo mismo. ¡Cuánto vale ese apoyo! ¡Qué importante es la camaradería! ¡Qué consuelo ofrece! ¡Y cuántas respuestas!

Busque un grupo de apoyo en alguna iglesia. Allí encontrará personas con intereses similares a los suyos. Vaya al parque un día soleado y es muy probable que se encuentre con otras madres que tienes hijos de la misma edad de los suyos. La biblioteca de otras madres ofrece la clase de consejos prácticos que toda madre necesita.

LA MISIÓN DE UNA MADRE

Si bien los niños llegan al mundo sin el correspondiente manual de instrucciones, las madres pueden recurrir a una variedad de bibliotecas en las que pueden aprender su rol. Un sencillo poema de Susan Lenzkes ilustra nuestro anhelo de ser madres de la manera correcta, a la vez que nos orienta a confiar:

> Busqué,
> pero por cierto no había
> un paquete de instrucciones
> adherido al bebé
> cuando nacieron mis hijos.
> Tampoco me ha llegado
> ningún manual por correo.
> Señor, muéstrame
> cómo ser una buena madre.
> Enséñame a
> corregir sin asfixiar,
> ayudar sin retener,
> escuchar sin enjuiciar,
> rodear sin sofocar.
> Enséñame a amar sin límites,
> como me amas tú a mí.[1]

---

1 Susan L. Lenzkes, *When the Handwriting on the Wall Is in Brown Crayon*, Zondervan, Grand Rapids, 1981, p. 18. Usado con permiso.

Pasos Prácticos

PASO PRÁCTICO Nº 1:

Elabore sus propias máximas

Las máximas son dichos memorables o afirmaciones que modelan nuestras actitudes y acciones, y son un resumen de nuestros ideales. Escriba algunas máximas personales. Aquí le ofrecemos algunas preguntas para ayudarla a comenzar, elaboradas por Cindy Tolliver:

- Piense en su propia niñez. ¿Qué cosas hizo su mamá que hicieron un impacto en su vida? Enumere por lo menos tres.

- ¿Qué cosas le gustaría hacer de manera diferente a la de su mamá? Anote por lo menos tres.

- Piense en madres conocidas a las que admira. ¿Qué hacen esas mujeres que a usted le gustaría imitar? Anote por lo menos tres cosas.

- Haga una lista de por lo menos diez metas para su tarea como madre. Observe estas pautas:
  — Dé rienda suelta a sus ideas. A eso se llama lluvia de ideas. No se evalúan las respuestas.
  — Redacte en primera persona y en forma activa: "Yo..." En otras palabras, no dependa de lo que otros hagan por usted en su misión de madre.
  — Exprese frases concretas. En lugar de decir: "Quiero empezar a tener momentos de diversión con mis hijos", diga: "Voy a planificar por lo menos una salida recreativa por semana con mis hijos."
  — Elija las cinco ideas que le parezcan más importantes. Eso no significa que no puede cumplir las restantes. Pero si se ponen demasiadas metas, tal vez no logre ninguna.[1]

PASO PRÁCTICO Nº 2:

Descubra su estilo de aprendizaje

Cuando se trata de instrucción, cada persona aprende mejor

---

1 Reimpreso y adaptado de Cindy Tolliver, *At-Home Motherhood*, Resource Publications, San José, CA, 1994, pp. 24-26.

con algún método en particular. Aquí tiene algunas preguntas que le pueden servir para determinar su estilo de aprendizaje. Lea las preguntas o afirmaciones y luego marque la respuesta más apropiada en su caso. Algunas serán difíciles; pero trate de responder según su reacción más habitual.

1. Generalmente recordará más una clase o conferencia, cuando:
   a. no toma notas pero escucha atentamente.
   b. se sienta en las primeras filas y mira desde cerca al orador.
   c. toma notas (sea que luego las consulte alguna vez o no).

2. Generalmente resuelve los problemas de la siguiente manera:
   a. hablando consigo misma o con una persona amiga.
   b. usando un enfoque sistemático organizado, haciendo listas, horarios, etc.
   c. caminando, trotando, o haciendo alguna otra actividad física.

3. Recuerda números telefónicos, cuando no puede anotarlos:
   a. reptiéndoselos oralmente.
   b. "mirando" o "visualizando" el número en su mente.
   c. dibujando los números con el dedo en una mesa o en la pared.

4. Cuando tiene que aprender algo nuevo le resulta más fácil si:
   a. le dicen cómo hacerlo.
   b. observa una demostración práctica.
   c. intenta hacerlo usted misma.

5. Recuerda más una película:
   a. por los diálogos de los personajes, la música y los sonidos de fondo.
   b. por el entorno, la escenografía, las vestimentas o los uniformes.
   c. por los sentimientos que tuvo.

6. Cuando va a hacer compras:
   a. se repite la lista en silencio o en voz alta.
   b. recorre los anaqueles para decidir qué necesita.
   c. generalmente recuerda lo indispensable de la lista que se olvidó en casa.

7. Cuando está esforzándose por recordar algo:
   a. hace memoria de lo que escuchó o de los ruidos que llegaron a su cerebro.

    b. trata de visualizar mentalmente lo ocurrido.

    c. rememora las emociones que el hecho le produjo.

8. Aprende mejor un idioma extranjero:
    a. escuchando discos o cintas.
    b. usando libros con vocabularios y escribiendo.
    c. asistiendo a una clase típica donde se lee y escribe.

9. Cuando está confundida respecto a la ortografía de una palabra:
    a. la pronuncia.
    b. intenta verla en su mente.
    c. prueba escribirla de varias maneras y elige la que parece correcta.

10. Disfruta más leyendo cuando la lectura contiene:
    a. diálogo entre los personajes.
    b. párrafos en los que predominan las descripciones que le permiten crear figuras mentales.
    c. historias con mucha acción desde el comienzo del libro; le cuesta estar quieta mucho tiempo.

11. Generalmente recuerda personas con las que se ha encontrado:
    a. por sus nombres (olvida los rostros).
    b. por sus rostros (olvida los nombres).
    c. por su manera de caminar, su modo de ser y sus gestos.

12. Generalmente se distrae por:
    a. ruidos.
    b. personas.
    c. entorno (temperatura, mobiliario, etc.)

13. Suele vestirse:
    a. más o menos bien; pero la ropa no es importante para usted.
    b. con estilo y prolijidad.
    c. cómoda, de manera que pueda moverse sin problemas.

14. Si no puede hacer ninguna actividad física ni leer, elige:
    a. conversar con una amiga.
    b. mirar televisión o contemplar por la ventana.
    c. mecerse en un sillón o reposar en la cama.

Puntaje:

Sume el total de respuestas para cada letra y anótelo en los espacios que siguen:

a. Auditivo (aprende mejor escuchando) _____

b. Visual (aprende mejor mirando) _____

c. Cinestésico (aprende mejor tocando, haciendo, moviéndose) _____ [1]

PASO PRÁCTICO Nº 3:

Cultive aptitudes para pensar con actitud crítica

Las madres tienen que tomar decisiones a diario. Aquí le damos algunas sugerencias para evaluar las opciones y tomar decisiones prudentes.

1. *Identifique el problema.* Defina con claridad lo que necesita decidir.

2. *Establezca plazos.* Fije la fecha para tomar la decisión. Establezca un horario.

3. *Reúna información.* ¿De qué fuentes dispone? ¿Dónde puede obtener los datos necesarios?

4. *Enumere las ventajas y las desventajas.* ¿Cuáles son los aspectos positivos y negativos de cada alternativa?

5. *Hágase las preguntas difíciles.* Evalúe sus opciones de acuerdo con sus valores morales y espirituales. ¿Concuerdan? ¿Es prudente? ¿Entra en conflicto con la verdad bíblica?

6. *Tome una decisión.* Siga adelante con la confianza de que ha hecho lo mejor posible.

PASO PRÁCTICO Nº 4:

Busque alguien que le aconseje

• Decida lo que necesita de una guía y consejera. ¿Necesita una instructora, alguien que la estimule, alguien que preste atención a sus ideas? ¿Quiere perfeccionar sus destrezas, sus dones o su vida espiritual con relación al liderazgo o la tarea de crianza? Sus necesidades y sus metas van a definir el tipo

---

1 De *Learning to Learn* [Aprendiendo a aprender], por Gloria Frennder, Copyright 1990 de Incentive Publications, Inc., Nashville, TN, 37215. Usado con permiso.

de mentor que mejor responde a su caso. No vale la pena tener una consejera si no tiene metas definidas.

- Entre las personas que conoce y respeta, ¿a quiénes puede recurrir? ¿Una tía u otra pariente cercana? ¿Una mujer consagrada? ¿Una vecina o una amiga mayor que usted? Las relaciones y las personas con las que podemos contar actúan como un imán y sirven como base para las relaciones de tutoría. Busque mujeres entre seis y quince años mayores que usted. Si son mucho mayores habrá demasiada diferencia generacional. Si es mucho más joven le parecerá más una compañera que una guía y consejera. A veces puede recibir tutoría de una mujer más joven que usted misma si ella posee cualidades o experiencias extraordinarias.

- Procure relacionarse con mujeres que estén viviendo como usted sueña hacerlo, y hábleles de su aspiraciones. Exprese sus anhelos y sus metas a las mujeres que tenga en mente. Muchas mujeres de más edad se sentirán halagadas de que usted las tome en cuenta y las valore. Recuerde que ellas tienen la necesidad de influir, de causar un impacto en la próxima generación.

- Esté dispuesta a pagar el precio de la tutoría. Eso incluye flexibilidad y compromiso en la relación. Ofrézcase a trabajar con la persona elegida en un proyecto para que, a la vez que aprende de ella, usted pueda ayudarla en su tarea. Cuando se encuentre con ella, preséntele necesidades y preguntas concretas. Una persona con experiencia podrá hacerle un gran aporte sin necesidad de prepararse formalmente para ello. La iniciativa de usted acelerará y mejorará el proceso de tutoría.[1]

PASO PRÁCTICO Nº 6:

Reúna sus propios recursos

1. Comience a adquirir algunos libros y casetes.
2. Visite la biblioteca de su zona. No se deje intimidar por la larga lista de libros. Siempre habrá una persona dispuesta a orientarla. Aproveche ese valioso recurso.
3. Organice un sistema de préstamos entre sus amigas. Intercambien casetes, libros y revistas.

---

1   Material adaptado por Eric Swanson para Cruzada Estudiantil para Cristo (inédito).

Máxima para las madres

Una madre informada sabe lo que es mejor.

Ayuda:

A veces necesito compartir la carga

Raúl estaba sentado en el sillón frente al televisor, con el control remoto en la mano.

— ¿A qué hora llegan los Juárez esta noche? — le preguntó a Susana.

Raúl acababa de llegar del trabajo y parecía exhausto. Además, Susana sabía que a su esposo le gustaba descansar los viernes por la noche.

— A las seis — respondió mientras iba hacia la cocina —. Dentro de diez minutos.

Susana esperaba esta visita de los Juárez desde hacía tiempo. Sus hijos eran casi de la misma edad y jugaban bien juntos, lo que les daba a los adultos la oportunidad de conversar sin las habituales interrupciones.

Rápidamente, controló sus preparativos para la cena. La mesa estaba puesta y la comida casi lista, pero los juguetes seguían dispersos por el piso de la sala. En ese momento, los niños corrieron gritando por el pasillo, desde el baño al dormitorio.

El baño. ¡Ufa! Todavía no había limpiado el baño. Se asomó y dirigió la vista hacia Raúl, del otro lado de la sala. Seguía cambiando canales con el control remoto. Susana arrojó las agarraderas de servir sobre la mesa de la cocina, y a grandes zancadas fue hasta el baño y encendió la luz. ¡Qué desorden! El papel higiénico colgaba por todos lados, desde una altura de setenta centímetros hacia abajo. Más alto no alcanzaban Melisa y Esteban. El resto del rollo flotaba en el inodoro. Escuchó las risitas tras la puerta cerrada del dormitorio.

En ese momento, sonó el timbre.

— Su . . . ¡llegaron! — gritó Raúl.

Sofocando un alarido, Susana pescó el rollo de dentro del inodoro y lo tiró en el canasto de residuos. Buscó la toalla para colgarla, pero no estaba. De pronto la vio: un bulto mojado encajado detrás del inodoro.

El timbre volvió a sonar. Los niños salieron corriendo de sus habitaciones y se dirigieron hacia la puerta de calle, todavía lanzando risitas y golpeando las paredes en la carrera.

— ¡Susi . . .! ¡Ya están aquí! ¿No vas a atender la puerta? — volvió a gritar Raúl.

Un grito agudo emergió del baño. Tratando de articular las palabras, la voz alcanzó a gritar:

— Eh, ¿acaso soy la *única* que puede atender la puerta? ¿Y la única que puede preparar la cena y bañar y atender a los niños?

Mientras desenroscaba la toalla de detrás del inodoro, Susana reconoció esa voz como suya. "¡VAYA! ¿HAY ALGUIEN POR ALLÍ QUE ADVIERTA QUE ME VENDRÍA BIEN UN POCO DE AYUDA? ¡SOCORRO, DIJE!"

LA PREGUNTA MÁS DIFÍCIL

Cuando se les preguntó a madres de niños pequeños lo que más necesitan, dieron una variedad de respuestas. Aquí hay algunas:

Una empleada doméstica
Una niñera
Una secretaria
Otro par de brazos
Organizarme
Ayuda

Otras madres describen la diferencia que hay entre sus expectativas y la realidad:

Me descubro chillando y frustrándome y sé que eso es justamente lo que no debiera estar haciendo. A veces me parece que me estoy volviendo loca. ¡Necesito ayuda!

— ❧ —

Siempre pensé que un esposo sería mucho más servicial de lo que en realidad es.

Aunque en ocasiones nos broten este tipo de confesiones, lo cierto es que cuando se trata de la vida cotidiana, a la mayoría se le hace difícil pedir ayuda. Resulta más fácil arreglárselas de alguna forma. Nos quejamos y, a veces, hasta gritamos. Muchas mujeres nos hemos vuelto expertas en el papel de mártir: llevamos adelante todo el trabajo, a la vez que suspiramos audiblemente con frecuencia, con la esperanza de que alguno tome nota de nuestro agotamiento y venga a darnos una mano. Pero cuando se trata de pedir ayuda concreta, nos sentimos tan incómodas que los labios parecen sellarse.

¿Por qué? Porque nos parece que pedir ayuda es señal de debilidad, y no queremos parecer débiles. Como madres, nuestra tarea consiste en resolver todo lo que se presente, con paciencia y presteza. Cuando un pequeñín nos trae llorando un juguete roto, de inmediato se lo parchamos con pegamento. Cuando se ensucia una prenda, la lavamos. Cuando el refrigerador está vacío, lo llenamos. Cuando se vuelca leche, la limpiamos. A algunas no se nos ocurre pedir ayuda, hasta estar totalmente atadas por los compromisos que tomamos, o nos quedamos de pronto sin energía, frustradas, derrumbadas de fatiga.

Más aun, nos sentimos culpables si pedimos ayuda. Admitir que no podemos HACERLO TODO y que nos vendría bien algo de ayuda, nos parece una confesión de fracaso personal. ¿Usar un corralito para los niños? ¿Seríamos capaces de hacerlo? ¿Dejar al bebé llorando? ¡De ninguna manera! Las madres de niños pequeños no tienen sensaciones de culpa sólo de cuando en cuando. Tienen un "estado de culpa" siempre presente en el transcurso de la vida. Si no lo hacemos todo nosotras mismas, no sirve.

Deseamos intensamente contar con algo de ayuda y la necesitamos desesperadamente. A pesar de ello, no llegamos a solicitarla. Por alguna razón, la pregunta más difícil que podríamos tener que hacer es: "¿Me pudieras ayudar, por favor?"

AYÚDESE A SÍ MISMA

Aprender a ayudarse a sí misma es el primer paso para superar este problema. Quizá usted está sola a cargo de los hijos, y todo lo que logra hacer es llevarlos hasta la guardería, cumplir su trabajo, luego retirarlos y llevarlos a casa para darles de cenar. O tal vez tiene esposo, pero éste trabaja largas horas o viaja durante la semana, o simplemente no está interesado en cumplir con su papel en la familia. "¿Ayuda? ¿Dónde podría encontrar ayuda, yo?", se pregunta a sí misma.

Socios en la crianza

Las madres de niños pequeños buscan ayuda en una inumerable variedad de fuentes. La Biblia nos estimula a buscar a otros: "Mejores son dos que uno; porque tienen mejor paga de su trabajo. Porque si cayeren, el uno levantará a su compañero; pero ¡ay del solo! que cuando cayere, no habrá segundo que lo levante" (Eclesiastés 4:9-10).

¿Quiénes son sus socios en la tarea de educar a los niños? ¿Su mejor amiga? ¿Su esposo? ¿Su médico? ¿La maestra de su hijo? ¿Un grupo de madres de apoyo mutuo? ¿Una niñera? ¿Su vecina inmediata? ¿Una abuela? Tanto entre los familiares como entre las amistades que han llegado a constituir su familia elegida, y en los recursos de la comunidad y de la iglesia, usted puede encontrar socios para criar a sus hijos. Es cierto que una madre siempre está "de turno"; pero puede establecer una sociedad con otras personas para que compartan con ellas la responsabilidad. Un viejo proverbio africano afirma que se requiere la participación de toda una aldea para criar a un niño.

Ayudarse a sí misma significa, en primer término, reconocer la importancia de compartir la tarea de la crianza.

Pida ayuda

Hay ayuda disponible. Pero tenemos que aprender a aprovecharla.

Tenemos que reconocer y admitir que a veces no podemos hacerlo todo. No tenemos por qué sentirnos culpables de parecer débiles al admitir esta necesidad absolutamente normal. Pero sí tenemos que aprender a pedir. Es preciso hacerlo de forma directa, usando palabras. Nadie puede leer nuestra mente. Nadie va a aparecer de pronto como por arte de magia, darse cuenta de nuestro problema y socorrernos.

Necesitaba ir al dentista. Mi madre no podía hacerse cargo de los niños. Yo estaba acostumbrada a manejar las cosas por mí misma y no quería pedirle esto a mi amiga. Pero tuve que hacerlo . . . y cuidó a mis niños, sin ningún problema.

Recuerde que nunca se había planeado que usted fuese todo para sus niños en todo momento. No es saludable para ellos ni para nosotras. Delegue parte de la responsabilidad en algunos aspectos. Comparta la carga y también los laureles. Quizá descubra que usted no es tan indispensable como pensaba. Pero seguramente estará más en sus cabales.

Si desea recibir ayuda, si en realidad quiere compartir la carga, pida la ayuda que necesita.

LA AYUDA DE LAS AMIGAS

Un ámbito natural para buscar ayuda es pedírsela a una persona amiga. La autora y madre Donna Partow confiesa un tardío pero oportuno descubrimiento: "Esta travesía de la maternidad no fue diseñada para jinetes solitarios. Se requiere más de una madre, unidas contra el mundo, para criar a un niño en este sitio cada vez más complejo y peligroso. Hasta los pioneros de la conquista rodeaban las carretas para protegerlas. Las mujeres se necesitan entre sí. Es tiempo de que rodeemos las carretas."[1]

Cuando mi hijo, que apenas estaba gateando, se cayó sobre la esquina de un mueble, me entró pánico. Mi esposo estaba en el trabajo y éramos nuevos en el vecindario. ¿Qué podía hacer? Tomé una toalla y envolví a mi hijo y corrí a la vecina. ¡Afortunadamente, estaba en casa! Tomó a su bebé y me llevó de inmediato a la sala de emergencias.

Ayuda individual

Cuando finalmente se arme de valor y decida a pedirle ayuda a una amiga, es posible que la respuesta le produzca una grata sorpresa.

Los beneficios que trae recibir ayuda superan con creces los riesgos de aventurarse a pedirla. En realidad, muchas amistades perdurables nacen de esta forma.

El intercambio de tareas

El trueque es un término antiguo que describe el intercambio de tareas. Lo ideal es que las madres se reúnan y satisfagan sus necesidades personales aprovechando sus respectivas aptitudes. El trueque es una forma de recibir la ayuda que usted necesita sin gastar el dinero que no tiene. Además le permite reservar más dinero para las cosas que disfruta y a la vez le permite a otra madre hacer una tarea que usted no disfruta tanto como ella. Si usted es buena decorando, pero detesta trabajar en el jardín, haga canje con una vecina cuyos talentos se complementen con los suyos. Si a

1 Donna Partow: *No More Longe Ranger Moms*, Bethany House, Minneápolis, MN, 1995, p. 13.

usted le encanta cocinar pero no le gusta hacerlo con los niños dando vueltas por la cocina, haga arreglos con su amiga para que ella supervise los niños mientras usted cocina para las dos familias.

Grupos de apoyo

Los grupos de apoyo no sólo existen para los adictos o las personas que están en crisis. Los grupos de ayuda mutua son para todo tipo de personas que se reúnen a fin de satisfacer necesidades comunes. Las madres de niños pequeños se benefician mucho si organizan grupos de apoyo o si se suman a un grupo ya establecido.

Llegué por primera vez a MOPS (Madres de preescolares) por invitación de una amiga. Sentada allí con ese grupo de mujeres, pensé: "Qué patético. Estoy en un grupo de ayuda mutua. ¿Tan bajo he llegado?" Después de una sesión completa, me di cuenta de que se trataba de mucho más que eso. Era divertido y me daba mucho entusiasmo aprender en diversos aspectos y a la vez ayudar a resolver problemas al conversar con otras mujeres.

Organice un sistema cooperativo para el cuidado de los niños. Piense en la posibilidad de organizar compras cooperativas para obtener descuentos por compras mayoristas. Súmese a un grupo de apoyo mutuo sobre temas de crianza, donde pueda encontrarse con otras personas que luchan con los mismos interrogantes y preocupaciones que usted.

Las amigas están siempre disponibles cuando se las necesita. Ofrecen consuelo, sentido de comunidad y ayuda práctica.

AYUDA DEL ESPOSO

Si usted está casada, la fuente más obvia de ayuda es su esposo. Pero no siempre será factible esperar que la ayude.

Estoy casada pero muchas veces me siento como si fuera una madre soltera, porque mi esposo trabaja doce a catorce horas por día, seis días a la semana.

O quizás él no se da cuenta de que a usted le vendría bien un poco de ayuda.

Mis hijos pasan el día pidiendo de comer y de beber. Mi esposo se queda después del trabajo a conversar con los amigos, llega a casa, come y se va a dormir. Siento que nadie ha pensado en "mis" necesidades en todo el día.

Tal vez su esposo no entiende el tipo de ayuda que usted necesita.

Cuando los niños protestan y lloran, mi esposo me dice que no permita que me dominen. Me dice lo que debo hacer, en lugar de ayudarme con el problema.

Podría ser que su esposo siente que él trabaja tan arduamente que usted no debiera pretender que la ayude en el hogar. Si usted se lo pide, se siente culpable por ello.

A veces siento que necesito algo de auxilio. Reconozco que necesito pedir ayuda y no sentirme mal por hacerlo; pero me resulta difícil expresarlo, especialmente cuando mi esposo ha tenido una semana pesada en su trabajo.

— ❧ —

Me siento atrozmente culpable cuando pido ayuda. Mi esposo tiene un trabajo de tiempo completo, y mi labor de tiempo completo es atender el hogar.

¿Qué de los diferentes papeles? ¿Cuáles son las tareas de la mamá y cuáles las del papá? ¿Cómo decidimos quién hace cada cosa?

Mi esposo llega a casa y mi hijo quiere estar con su papá. Juegan y se divierten, pero yo siento que paso desapercibida. Siento como si trabajo todo el tiempo; si no es con mi hijito, es en los quehaceres del hogar. Cuando mi esposo vuelve del trabajo, su tarea ya está cumplida y puede dedicarse al juego.

A veces, aun cuando solicita ayuda, usted no la recibe. Entonces, en lugar de plantear el problema, termina haciendo la tarea sola.

Un sábado, se suponía que yo cuidaría de los dos niños, haría la limpieza y pasaría la aspiradora, lavaría los platos y la ropa, prepararía la cena . . . y después me quedaría tiempo para compartir con mi esposo. Era imposible; pero tampoco podía esperar que él me diera una mano. De modo que terminé haciendo todo sola.

¿Es realista esperar que un esposo ayude? Si la respuesta es afirmativa, ¿cómo traducimos esas expectativas a la realidad?

Hable con franqueza sobre la responsabilidad mutua

Para ejercer más eficientemente el papel de madre, es prudente que definamos qué contribución esperamos respectivamente de la madre y el padre en la tarea de la crianza. ¿Son ambos padres? ¿Son ambos responsables por el desarrollo y la salud de un niño? La autora Ruth Barton, escribe lo siguiente:

> Lo más estimulante que me ha ocurrido como madre es que Chris (mi esposo) y yo hemos empezado a reconocernos más claramente como un equipo. Ambos participamos en este desafío que no tiene fecha de término: criar a los hijos. He descubierto que no necesito leer más libros sobre cómo ser una mejor mamá... Lo que necesitaba era que mi esposo, el padre de mis hijos, participara más plenamente en este extraordinario llamado de Dios para nuestra vida. Necesitaba escucharlo decir con palabras y gestos: "No estás sola. Estos niños son mi responsabilidad en la misma medida en que son tu responsabilidad."
>
> El mandamiento de Dios en cuanto a ocuparnos de nuestros hijos es enorme y multifacético; pero cuando el hombre y la mujer se comprometen a hacerlo juntos, es mucho menos abrumador.[1]

La investigación muestra que la mamá y el papá ejercen el papel de crianza de los niños de manera diferente, y cada uno de ellos puede satisfacer necesidades únicas de sus hijos. La madre es la fuente primaria de vínculo del niño, muy necesaria para que el bebé establezca lazos de unión y pueda luego forjar relaciones sociales. El padre, por su parte, es la fuente primordial para incrementar la independencia física e intelectual del niño. Los pequeños valorizan el "estímulo óptimamente novedoso" que les ofrece el papá. No se trata de una persona extraña que pueda producirles la ansiedad que produce lo desconocido; pero van y vienen lo suficiente como para estimular su interés en esta "interesante novedad".[2]

Lleva trabajo y paciencia desarrollar un estilo cooperativo de atención del hogar. Requiere una sincera evaluación personal y comunicación cuidadosa.

1   Ruth Barton, *Becoming a Woman of Strength* [Cómo llegar a ser una mujer fuerte], Harold Shaw, Wheaton, IL, 1994, pp. 193, 205.

2   Mary Steart Van Leeuwen, *Gender and Grace,* InterVarsity Press, Downers Grove, IL, 1990, pp. 157-158, 266.

Analice su papel en forma detallada y estricta. Si usted está administrando la embarcación familiar como si fuera el capitán de la flota, dando órdenes y exigiendo sumisión, es posible que disfrute cierto sentido de control. Pero difícilmente recibe ayuda de parte de su esposo. La disposición a colaborar surge de la sensación de compartir la responsabilidad. Sus hijos, ¿son sus hijos, o lo son también de su esposo?

> *¡Hay tantas exigencias que pesan sobre nuestro escaso tiempo! Cuido de nuestro hijo mientras mi esposo está en el trabajo. A su vez, él lo hace mientras yo preparo la cena. Yo lo atiendo mientras mi esposo corta el césped. Estamos haciendo un esfuerzo por compartir la responsabilidad.*

Observe atentamente su propio comportamiento durante algunos días. Cuando usted sale, ¿deja instrucciones detalladas sobre cómo cambiar un pañal, cómo dar un biberón, cómo jugar con el bebé? ¿O le concede a su esposo la libertad de descubrir cómo puede hacer él las cosas? Cuando su esposo está a cargo de los niños durante una mañana o una noche, ¿considera usted la tarea de él como similar a la función de niñera o propia de su papel de padre? Si lo considera como alguien que cuida esporádicamente a los niños, implica que temporalmente se hace cargo de la responsabilidad que le compete únicamente a usted. En cambio, si lo ve como un aspecto propio de la crianza, denota que están compartiendo las responsabilidades. Aun las palabras más sutiles como éstas pueden trasmitirle la idea de que lo que él hace como padre es tan significativo como lo que usted hace como madre.

Si necesitamos ayuda, debemos examinar nuestro comportamiento y estar dispuestas a hacer los ajustes necesarios, a fin de generar la posibilidad de una paternidad compartida.

Pídale ayuda a su esposo

Hacen falta muchas personas para criar a un niño. Una madre no puede hacerlo todo por sí misma. Nadie puede. Si usted cuenta con su esposo como una fuente de ayuda, clarifique las responsabilidades que comparten y, luego, ¡pídale ayuda!

Aquí le sugerimos cómo hacerlo:

Haga preguntas directas y claras. No dé indirectas. No suspire ni se queje. No espere que él le adivine el pensamiento o se dé cuenta siquiera de sus necesidades. Dígaselas. Ponga palabras a su pedido.

"Necesito ayuda con las tareas domésticas. ¿Serías tan amable de pasar la aspiradora?"

"Necesito hacer compras sin preocuparme de que Raquel corretee por la tienda. ¿Podrías cuidarla mientras yo voy?"

"Esta semana me hace falta ayuda para hacer las compras. ¿Querrías hacerlo tú esta vez?"

Si esta es la primera vez que le ha pedido ayuda a su esposo, elija un momento tranquilo para hacerlo. Evite estallar airadamente en un momento de frustración o pánico, volcando acusaciones como: "*¡Nunca* me ayudas!*" En lugar de eso, al comienzo de un día que anticipa pesado, siéntese y exprese su necesidad claramente y sin muchas explicaciones, justificaciones ni emocionalismo.

Acepte el resultado de la colaboración. Si le pide a su esposo que barra, no critique después su trabajo. Si le pide que se ocupe de Raquel mientras usted hace las compras, acepte lo que él elija hacer con ella mientras usted no está. Si le pide que vaya él a hacer las compras, muéstrese contenta con lo que trajo.

Es un hecho evidente. Si quiere ayuda, recíbala como le es dada. Quizás su esposo no haga exactamente lo que usted esperaba que él hiciera. Sin embargo, criticarlo puede hacer que rehúse totalmente ayudarla.

Arriésguese. Puede parecer riesgoso modificar un esquema de relación o de comunicación en el matrimonio. Si su esposo ha crecido acostumbrado a que usted sea "Super mamá" o la "Mujer maravilla, le puede resultar difícil adaptarse a sus nuevos requerimientos o admitir que, efectivamente, usted necesita ayuda. Sea paciente. Ofrézcale garantías, amablemente, de que usted no está renunciando a su papel de cuidar la familia pero que simplemente está reconociendo sus necesidades y limitaciones, y enfrentando el hecho de que no puede hacerlo todo.

Sin duda, habrá ocasiones en que su esposo sencillamente se negará a satisfacer su pedido. Aprenda a reaccionar sin explosiones emocionales. Acepte su no de la misma manera en que le gustaría que él reciba *su* no. Pero no deje de solicitar ayuda. Busque otra oportunidad en la que necesite su apoyo y vuelva a pedírselo.

Pida claramente. Acepte los resultados. Esté dispuesta a correr el riesgo. Pero comprenda que la ayuda de un esposo surge de una relación que va desarrollando. Cuando usted se compromete a una relación de amor con su esposo, aprenderá a pedir la ayuda que necesita y él puede aprender a ofrecerla.

LOS PEQUEÑOS AYUDANTES DE MAMÁ

¿Cómo les pide ayuda a sus hijos?

Hay quienes se mofan de la sola idea. "Prefiero hacerlo por mí misma", declara la mayoría, después de haber renegado infructuosamente sin resultados o porque no quieren resignarse al bajo nivel que resultaría de la tarea.

Algunas mujeres hacen bromas sobre la idea de motivar a los niños a ayudar. Se ha dicho que hay tres maneras de lograr que las cosas se hagan: hágalo usted misma, contrate a alguien o prohíba a sus niños que lo hagan.

Pero hay otra táctica. Usted puede *enseñar* a sus hijos para que la ayuden. Mediante una elección deliberada de su voluntad, supervisión cuidadosa y mucha determinación, usted puede lograr que sus hijos sean los pequeños ayudantes de mamá.

Por qué es bueno enseñar a nuestros hijos para que nos ayuden

Hay dos razones por las cuales es una buena idea enseñar a nuestros hijos para que nos ayuden:

- Aprender a ayudar a la mamá es algo bueno para los niños. En su libro *I Have to?* [¿Debo hacerlo?], Patricia Sprinkle sugiere que "el máximo propósito de la crianza es ayudar a nuestros hijos a independizarse de nosotros".[1] Si es así, entonces debemos empezar cuanto antes a capacitar a nuestros hijos de edad preescolar. Es bueno que empiecen ahora a hacer por sí mismos lo que más tarde van a tener que hacer sin nuestra ayuda.

  Cocinar, limpiar y lavar la ropa son destrezas que se aprenden por instrucción y repetición. Un niño no empieza automáticamente a desempeñar estas habilidades cuando llega a los dieciocho años de edad, si no ha recibido instrucción antes. Más aun, las habilidades que aprenden en el hogar se reflejarán luego en el hogar que ellos formen, y en sus relaciones laborales. Lo que les enseñamos ahora a nuestros hijos va a marcar la diferencia de lo que serán luego.

---

1 Patricia Sprinkle, *Do I Have To?*, Zondervan, Grand Rapids, MI, 1993, p. 16.

- Enseñarles a ayudar a la mamá es bueno para la mamá.

¡Qué hermoso llegar a casa y encontrar la mesa puesta para la cena! O contemplar a un párvulo esforzándose por tender su cama y luego dar saltos de alegría por su logro! ¡Qué lindo es entrar en una bañera que fue limpiada la última vez que se la usó! ¡O entrar en la cocina y encontrar que los platos ya están en la pileta en lugar de seguir sobre la mesa, rodeados de restos de comida! ¡Sin duda esa ayuda es buena para la mamá!

Cómo ayudarles a sus hijos a ayudar

Es claro que no podemos esperar mucho de la ayuda que puedan brindarnos los niños menores de dos años. Pero aun los pequeños que gatean pueden "ayudar a su mamá" con pequeñas tareas.

- *Escoja tareas apropiadas a la edad de sus hijos.* Pídales a los más pequeños que guarden objetos de plástico, que levanten sus juguetes, que pongan la ropa sucia en el canasto. En esta etapa del desarrollo de su independencia, esos sencillos menesteres refuerzan en ellos la sensación de que pueden "hacerlo solitos". Se puede mantener la motivación y el desafío aumentando las responsabilidades a medida que crecen.

- *Motívelos con recompensas.* Ya sea con unas palabras de felicitación, una golosina, un pago simbólico semanal, estimule a sus niños a colaborar. Asegúrese de no dar premios hasta que las tareas estén completas, porque también les estamos enseñando acerca de las consecuencias lógicas de sus hechos. Pero una vez que la tarea haya sido satisfactoriamente realizada, ¡otorgue con entusiasmo el premio!

- *Sea flexible en los criterios respecto a lo que es un trabajo bien realizado.* Al comienzo de este proceso de aprender a ayudar, los niños harán más desorden del que son capaces de ordenar. Contrólese en esa etapa. La reacción que usted tenga hacia los esfuerzos iniciales va a determinar la actitud de sus futuros intentos. Si un niño siente que no tiene éxito, él o ella quizá prefiera evadir el riesgo de volver a fallar. Premie su esfuerzo y su actitud, más que la perfección de la tarea realizada.

Con paciencia y perseverancia, los pequeños ayudantes de mamá llegarán a ser sus principales ayudantes.

AYUDE A SUS AYUDANTES

Sea que encuentre ayuda en su esposo, en un niño, en una guardería, en una escuela o en una congregación, es importante que pueda utilizar al máximo la ayuda que recibe. Para eso, debe aprender a ayudar a sus ayudantes.

Aprenda a delegar. Es un hecho que la delegación de responsabilidades le permite multiplicar su presencia, su influencia y su tiempo, a la vez que desarrolla otras habilidades.

Gwen Ellis aplica los principios de delegación del trabajo propios del aspecto laboral a la vida de hogar. Ofrece algunas claves de acción que pueden ser adaptadas para las madres de preescolares.

1. Decida lo que desea que se haga. Establezca metas concretas y medibles.

2. Si las necesidades o circunstancias cambian, informe de ello a sus ayudantes. Por ejemplo, cuando comience a enseñarle a su hijo a avisar cuando necesita ir al baño, la niñera debe estar al tanto; además, debe recibir pautas acerca de la forma en que usted quiere que se haga.

3. Elija a la persona apropiada para la tarea.

4. Entrene a la persona para la tarea.

5. Supervise a su ayudante sin hostigarlo.

6. Esté a su disposición para seguir enseñádole.

7. Deje la tarea en manos de su ayudante. Controle su impaciencia por terminar usted misma la tarea, una vez que la asignó.

8. Trate de no dar siempre la misma tarea "desagradable" a la misma persona. Entre los miembros de la familia, establezca un orden rotativo para las tareas menos apreciadas.

9. Mantenga la calma cuando alguien comete un error.[1]

Si queremos que nuestros ayudantes sean en realidad eficientes como ayudantes, necesitamos ayudarlos.

AYUDA EMOCIONAL

A veces, cuando clamamos pidiendo auxilio en nuestra tarea de madres, la necesidad no es tanto física como emocional. Esa

---

[1] Adaptado de Gwen Ellis, *Thriving As a Working Woman* [El éxito de la mujer en el trabajo], Tyndale, Wheaton, IL, 1995, pp. 42-50.

necesidad no siempre puede ser satisfecha por las personas que tenemos cerca. A veces, llegará a sentirse abrumada más allá de los límites que puede resistir. En esa situación, es posible que se pregunte si quizá necesita ayuda profesional. ¿Cómo saberlo?

En primer lugar, tenga cuidado de no cometer el error de considerar su necesidad de ayuda como síntoma ineludible de que requiere atención profesional. Susan Yates explica: "Es grande la tentación de mirar a otras personas y pensar: 'Ella tiene dos hijos y se las arregla perfectamente. ¡Yo tengo uno solo y ya no puedo más! ¿Qué me pasa?' Cada persona es diferente y cada mujer tiene distinta capacidad de resistencia."[1]

¿Cómo sabe si ha llegado al límite de su resistencia? La mayoría de los profesionales concuerda en que hay tres síntomas inequívocos de malestar psicológico:

- Si corre el riesgo de herirse a sí misma o a sus hijos, ya sea verbal o físicamente, necesita ayuda profesional.

- Si tiene síntomas de depresión: pérdida o aumento de apetito, apatía, incremento o disminución del sueño, quizás necesite ayuda profesional.

- Si considera que ha desarrollado adicción a una droga o al alcohol, es probable que esté necesitando ayuda profesional.

Los aspectos en los que puede ser de ayuda un profesional tienen que ver con el desarrollo de nuestra persona, el matrimonio, cuestiones sexuales, asuntos referidos a la crianza de los hijos, y cuestiones físicas.

Para encontrar un profesional que pueda ayudarla, póngase en contacto con su iglesia, con alguna trabajadora social o con su médico. Los amigos también son una buena fuente de referencia, si no le incomoda hablarles de su problema.

EL MÁXIMO AYUDADOR

Por último, debemos reconocer que hay una fuente mayor de ayuda, disponible a todas las madres de niños pequeños. Sólo hay que pedir ayuda. El salmista nos dice que: "Dios es nuestro amparo y fortaleza, nuestro pronto auxilio en las tribulaciones" (Salmo 46:1). Dios está siempre presente, listo a ofrecernos la mejor

---

1 Susan Yates, "And Then I Had Kids!" [¡Luego tuve hijos!], en *Enfoque a la Familia*, Mayo de 1990, p. 4.

ayuda que jamás podamos encontrar. Cuando nos volvemos a Él en oración, nos escucha y responde con amor y cuidado.

La ayuda está a su alcance. Pero para obtenerla, tiene que empezar por identificar las fuentes de las que puede recibir auxilio, y aprender luego a solicitarlo. Quizá se sienta incómoda al comienzo; pero correr el riesgo vale la pena. Tome hoy mismo el primer paso hacia esa meta.

Pasos Prácticos

PASO PRÁCTICO Nº 1:

Promueva una red de ayuda mutua

El concepto de red lo tomamos del mundo de los negocios; pero también forma parte del mundo de una madre. El sistema de red es característico en las entidades de apoyo, como en el caso de MOPS. Donna Partow ofrece los siguientes consejos sobre la cooperación a través de una red, tarea que la autora estima como muy esforzada:

Requiere de bastante trabajo y esfuerzo solicitar ayuda. Pero es aún más difícil *ofrecer ayuda.*

En lugar de retraerse y ahogarse, participe activamente. Ofrezca algo de tomar o brinde ayuda enseñando una tarea manual. Invite a algunas mujeres a su casa durante la semana, o invite a otros matrimonios a compartir un asado el sábado. Lo más probable es que las otras mujeres presentes enfrenten exactamente los mismos problemas que usted. No espere que alguien se acerque: tome la iniciativa y póngase en marcha.[1]

PASO PRÁCTICO Nº 2:

Busque buenas guarderías

En algún momento, casi todas las madres de niños de edad preescolar tienen que enfrentar la necesidad de encontrar instituciones donde tengan la garantía de que sus niños serán bien cuidados. Sea que usted busque atención esporádica o sistemática, se aplican los mismos principios para elegir el servicio. Esto es lo que debe buscar:

• *Conceptos morales y espirituales que usted aprueba.* ¿Pro-

---

1 Op. cit., Partow, p. 31.

veerá el centro de atención infantil los mismos conceptos morales y espirituales que usted desea inculcar en su hijo? ¿Piensan lo mismo respecto a la televisión, por ejemplo, y respecto a qué y cuánto deben mirar los niños? ¿Será el sistema de disciplina compatible con el de su hogar? Para decidir cuál es la guardería que con más coherencia va a seguir las creencias y pautas que usted valoriza, es importante hacerse preguntas claves respecto a los que trabajan allí, y también averiguar si tienen buenas referencias.

* *Flexibilidad.* Busque alguien que esté dispuesto a ser flexible y a acomodarse al horario de trabajo de usted. También debe tomar en cuenta las peculiaridades o la personalidad de su hijo. Exprese con franqueza sus necesidades y expectativas, y luego escuche con atención sus respuestas.

* *Habilidades en la comunicación.* Es importante saber lo que está ocurriendo con su hijo. Busque alguien que lo cuide que esté dispuesto a contarle abiertamente lo que ocurrió con su hijo cuando no estaba con usted. ¿Qué hizo? ¿Mostró comportamientos poco usuales? ¿Ocurrió algo especial? ¡Haga preguntas y espere respuestas!

* *Preocupación por la seguridad.* Saber que su precioso niño está en manos seguras le dará a usted la paz mental que necesita para disfrutar de sus horas de independencia. Los que se ocupan de cuidar niños deben tomar muy en serio la seguridad infantil. Preste atención a los posibles descuidos. ¿Tienen puesta la atención en los niños, o se distraen fácilmente? ¿Cuáles son las actividades que consideran apropiadas para los niños de esa edad? Es cierto que siempre puede haber un accidente; pero procure identificar si hay una actitud responsable en ese servicio.

* *Continuidad.* Busque alguien con quien pueda contar de manera sistemática para cuidar del niño, en lugar de una gran variedad de cuidadores. La familiaridad contribuye a construir confianza y seguridad en los niños.

Las opciones son variadas: en casa o fuera de ella; niñeras adolescentes, estudiantes universitarias u otros adultos; grupos cooperativos en los que las madres canjean horarios para cuidar de los niños; días libres para las madres, ofrecidos por las instituciones para preescolares. Si necesita recomendaciones, hable con sus parientes, sus amistades cercanas o sus vecinos. Consulte en una iglesia, sea la suya u otra en la localidad. Pida opiniones a otros padres. Visite y haga preguntas. Siempre tome en cuenta lo que es mejor para su hijo. No apure las cosas sino observe atentamente. Confíe en su propio instinto, en las reacciones del niño y en la orientación de Dios.

PASO PRÁCTICO Nº 3:

Cómo enseñar a los pequeños ayudantes de mamá

Dedique tiempo a enseñar a los que serán sus más seguros ayudantes, aplicando las siguientes sugerencias para los niños de edad preescolar. Patricia Sprinkle ofrece una lista de tareas graduadas:

Tareas para niños de dos y tres años de edad

colocar cucharas en el lavaplatos

ayudar a dar de comer a las mascotas

guardar los juguetes después de jugar

limpiar la mesa

secar platos irrompibles

barrer (una habitación pequeña)

mezclar un jugo

entretener a un bebé

traer el periódico

limpiar una superficie pequeña del piso

servir leche de una lechera pequeña

botar la basura de los cestos de papeles

quitar el polvo a un mueble

cavar y sacar malezas del jardín

doblar servilletas

guardar utensilios

poner platos sucios en la pileta

desocupar la rejilla secaplatos

secar un espejo (un adulto hará el rociado)

ayudar a revolver la comida en la cocina

cepillarse los dientes, lavarse la cara

ordenar revistas, acomodar almohadones

levantar residuos en el jardín

poner la mesa (siguiendo un modelo)

vestirse y desvestirse

Tareas adicionales para niños de cuatro y cinco años de edad

guardar su ropa

limpiar espejos y cristales sin ayuda

poner la mesa sin ayuda

limpiar pileta y bañera

ayudar a hacer postres sencillos

ayudar a cargar el lavaplatos

llevar la ropa sucia al canasto

seleccionar la ropa limpia

colgar las toallas después de bañarse

sembrar en la huerta

rallar queso

llevar su propio plato a la pileta

mezclar ensaladas

guardar mercaderías

seleccionar ropa para lavar según el color

Juegos de limpieza para preescolares

1. *Formas y colores:* Dígale al niño: "Levantemos todos los juguetes rojos. Ahora recojamos todos los juguetes azules." "Juntemos todos los cuadrados y todos los rectángulos. Ahora, los juguetes que tienen partes redondas." "Pongamos todos los vasos en el lavaplatos. Ahora pongamos todos los platos."

2. *El juego del observador:* Diga: "Guarda diez cosas y luego veamos si puedes recordarlas en el mismo orden. María guardó una pelota; María guardó una pelota y un camioncito. María guardó una pelota, un camioncito y una muñeca."

3. *El monstruo limpiador:* Dibuje una cara en un calcetín viejo para que sea un guante que "come" polvo.

4. *El ejército de la familia:* Ponga música de marcha militar. Dé la orden de firmes y luego marche por la habitación recogiendo juguetes y guardándolos al ritmo de la música. Cuando se haya completado la tarea, rinda informe al "general" (padre o algún niño mayor), haciendo el saludo militar.

5. *Legión de hormigas:* Lea Proverbios 6:6 y converse sobre la diligencia con que trabajan las hormigas. Luego declare que todos son hormigas. Las hormigas van a trabajar rápido y duro para ver con cuánta velocidad pueden limpiar una habitación.

6. *Hazlo conmigo:* Diga: "Tú tiendes un lado de la cama, yo tiendo el otro." "Tú pasas la aspiradora mientras yo saco el polvo de los muebles." "Tú limpias el espejo mientras yo limpio el lavatorio." Haga bromas mientras trabajan juntos.

7. *¡Dame una sorpresa!:* El padre o la madre salen de la habitación después de decirle al niño que se fijarán cuánto logra ordenar antes que regresen. Asómese de inmediato y diga: "Esta vez era broma, pero no sabes cuándo volveré de veras, ¿no es así?" Regrese cuando estime que la tarea podría estar concluida.

8. *Componga una canción:* Componga una canción que puedan cantar juntos mientras realizan una tarea. ¿Cuántas veces la cantan hasta terminar la labor?

9. *Salgamos de compras:* Llene un carrito, un auto o una caja con juguetes para guardar, simulando que van de compras. "Ah, me parece que compraré este osito. Y tú, ¿qué vas a comprar?"

10. *Gánale al reloj:* Decidan de común acuerdo trabajar diez minutos. Ponga el reloj despertador para es hora.[1]

Cómo enseñarle una destreza a un niño

1. Usted tiene que estar familiarizado con la destreza que quiere enseñar.

2. Presente la tarea de una manera lógica.

3. Lleve a los niños cuando busque los materiales necesarios, para que ellos sepan dónde encontrarlos la próxima vez.

4. Diga el nombre de lo que está por enseñar.

5. Ponga toda su atención en los niños.

6. Presente la lección de manera cuidadosa y precisa.

7. No use más palabras de las necesarias.

8. En términos generales, muévase de izquierda a derecha.

9. Permita que los niños paticipen en la tarea en cuanto estén listos para hacerlo.

10. Si los niños cometen un error, páselo por alto.

11. Quédese con los niños hasta que esté segura de que pueden hacer la tarea solos.

12. Permítales a los niños trabajar todo el tiempo que deseen en lo que han aprendido.[2]

PASO PRÁCTICO Nº 4:

Sugerencias para madres solteras

Las madres solteras enfrentan aspectos y desafíos diferentes de los hogares que tienen ambos padres. Por ejemplo, aspectos que

---

1 Ibid, pp. 106-107.
2 Ibid., p. 80.

tienen que ver con la economía; también tienen intensa necesidad de contar con ayuda en la crianza de los hijos.

He aquí algunas sugerencias para hallar ayuda en la crianza de los niños:

- Vincúlese a una iglesia que comprenda las necesidades de los padres solteros y que a la vez atienda esas necesidades. Busque una iglesia que incluya actividades para solteros adultos en el programa para las familias, y que promueva grupos de ayuda mutua para personas en todo tipo de situaciones. Aunque los grupos para personas solteras son buenos para satisfacer algunas de sus necesidades de compañerismo, también es conveniente desarrollar vínculos con parejas en la iglesia.

- Busque modelos masculinos apropiados para sus hijos, tanto en la iglesia como en la familia. Dedique tiempo a orar y a observar. Fíjese en los padres de otras familias en su iglesia para ver quién maneja apropiadamente la disciplina y la recreación. Elija alguien que respete a su esposa y a sus hijos. Pídale a la esposa que le pregunte a su esposo si le parece que podría incluir a sus hijos en algunas actividades, tales como salir de pesca o salir de excursión al campo. Explíquele la necesidad que tienen sus hijos de recibir experiencia en una familia cristiana donde haya un buen modelo masculino.

- Es importante que usted procure toda la ayuda posible para criar a sus hijos. Asegúrese de tener una guía y consejera. Por el hecho de estar sola tendrá una aguda necesidad de conversar con otra persona con respecto a la crianza de los niños. ¿Quién mejor que una persona que ya tiene experiencia en la maternidad y que puede compartir esa experiencia con usted? Busque una amiga mayor que sea sensible y que muestre éxito en su papel de madre, alguien en quien usted pueda confiar sin reservas. Si es posible, busque alguien que haya tenido más de un hijo y que comprenda diferentes temperamentos y situaciones disciplinarias.[1]

PASO PRÁCTICO Nº 5:

Pídale a su esposo que la ayude

¿Le resulta difícil pedirle a su esposo que la ayude? Si es así,

1   Adaptado de Dave Ray, *Mom's Check-Up*, Core Ministries, Royal Oak, MI, 1994, p. 52.

¿a qué se debe? ¿En qué tarea pudiera él ayudarla? ¿Qué pudiera hacer en las próximas veinticuatro horas? ¿O en qué pudiera ayudarla de manera sistemática?

Si estas y otras preguntas han estado molestándola, tome la decisión de hablar al respecto con su esposo. Elija el momento más tranquilo del día, cuando él esté descansado ,y probablemente, más receptivo. Piense en lo que va a decirle. Use una expresión que comience refiriéndose a usted misma, en lugar de frases acusatorias. En otras palabras, evite la tentación de decir: "Nunca me ayudas." En vez de eso, diga: "Me siento abrumada a la hora de comer, y necesito ayuda. ¿De qué parte de los preparativos te gustaría hacerte cargo?"

Según cuál sea la tarea, ¿está dispuesta a aceptar un resultado diferente del que usted lograría en la misma actividad?

¿Cuándo va a solicitar más ayuda? ¿Hoy? ¿Mañana?

PASO PRÁCTICO Nº 6:

Busque un consejero cristiano

La siguiente es una lista de pasos para buscar un consejero cristiano confiable y eficiente:

- Pídales a sus amistades y a su pastor que le den referencias. Observe qué nombres se repiten.

- Busque referencias en varias iglesias. Una vez más, fíjese qué nombres se repiten. Es posible que las iglesias más numerosas en su comunidad tengan la lista más larga de recursos.

- Defina su necesidad en términos de un consejero que cree en la Biblia y que sostiene las mismas creencias doctrinales en las que usted cree.

- Una vez que haya identificado algunos consejeros, llámelos por teléfono y pida una corta entrevista. En ese primer contacto, haga las siguientes preguntas:
  — "¿Me podría dar una lista de referencias (pastores o profesionales) dispuestos a recomendarlo?"
  — "¿Cuáles son sus referencias académicas y sus credenciales?" Pídales también un folleto donde expliquen la metodología y la filosofía de su tarea como consejeros.
  — "¿Tiene experiencia en . . . (los asuntos concretos que

usted está enfrentando)?" Puede tratarse de dificultades matrimoniales, cuestiones familiares varias, adulterio, consumo de drogas, problemas de dinero, pornografía, ansiedad, abuso físico, desórdenes en la comida, baja autoestima, problemas de disciplina y otros.

Tenga presente que un consejero no va a "componerla". Su papel es el de ser un facilitador. Si usted quiere ver un cambio en su vida, tiene que aceptar responsabilidad por sus actitudes y su comportamiento. Además, tiene que mostrar disposición a cambiar en lo que se le indique. Implementar la ayuda que necesita para llegar a ser una familia saludable puede requerir un compromiso a largo plazo. La terapia rápida generalmente no es más que un parche o una curita sobre una herida abierta.[1]

1 Ibid., p. 67.

Máxima para las madres

Una mano ayuda a la otra.

Recreación:

A veces necesito descanso

El pequeño Luis, de dieciocho meses de edad, lloriqueaba mientras Lina lo levantaba de la cuna y apoyaba la frente afiebrada del bebé contra su mejilla. Lo había acompañado casi toda la noche y sabía que necesitaba ver al médico. El bebé se aferró al cuello de su mamá. Dentro del pijama, su cuerpito estaba caliente y transpirado.

— Esteban — dijo Lina, llamando a su hijo mayor —. Tienes que vestirte. ¡Tendremos que llevar a Luis al médico!

Ahora que había cumplido los cuatro, Esteban podía por lo menos vestirse solo, pero tendría que faltar al jardín de infantes esa mañana. Y ella no podría pagar las cuentas de la casa, como se lo había prometido a Jaime.

En el consultorio del médico, Lina le leyó un libro a Esteban mientras trataba de consolar a Luis sobre su falda. Al tocarle las mejillas, se daba cuenta de que la temperatura estaba subiendo mucho. No cabía duda. Minutos más tarde, el médico diagnosticó infección de oído . . . una vez más; la tercera en seis meses.

Lina agradeció por la receta, les puso el abrigo a los niños, cargó su bolso de pañales, tomó su cartera y se encaminó hacia el vehículo.

Cuando estacionaron, Luis empezó a llorar.

— Ten paciencia, mi amor — le dijo para calmarlo —. Mamá va a traerte la medicina.

El bebé se aquietó; ella lo levantó en los brazos, le dio la mano a Esteban y caminaron hacia la farmacia.

— El medicamento estará listo dentro de unos veinte minutos — le dijo el farmacéutico.

Genial. ¿Cómo iba a hacer para mantener contentos a dos niños en la farmacia? Empezó a dolerle la cabeza. *Puedo arreglármelas*, se dijo con calma.

Cuarenta y cinco minutos más tarde, Lina llegó al fin de regreso a casa, preparó sopa para Esteban y logró que Luis tragara algunas cucharadas, junto con la medicina. Finalmente, lo acunó hasta que se durmió y acomodó a Esteban para que mirara un video.

Ahora voy a poder hacer algo de mi tarea, pensó. Pero al sentarse a la mesa de la cocina, vio algo desastroso sobre la alfombra de la otra habitación.

¡Vómito del perro! Dio un salto, aferró un puñado de toallas de papel, tomó la aspiradora y se dirigió al charco. Pero al encender la máquina, ésta hizo un chirrido y se detuvo. Reconocía ese sonido: una correa rota.

Otra vez al armario . . . y volvió con una correa nueva. Dio vuelta la aspiradora y se inclinó junto a ella. Justo al lado del vómito.

Sin demora, accionó la cubierta de acero sobre la correa; pero no se desprendía. De pronto se sintió vencida. Ya no tenía reserva. Gruesas lágrimas empezaron a correr por sus mejillas. ¡Vaya, vaya! *Puedo soportar toda una noche despierta con un bebé enfermo, una visita al médico y media hora de atraso en la farmacia; ¡pero ahora me desespero porque no puedo arreglar la correa de una aspiradora!*

—¡Mamá! Se terminó la película —llamó Esteban desde la otra sala—. ¿Qué hago ahora?

—¿Qué hago *yo* ahora? —sollozó Lina—. ¡Necesito descanso! Pero nadie respondió.

SIEMPRE DE TURNO

Lina no es la única que tiene ese dilema. La mayoría de las madres de preescolares relatan que no es una gran crisis en particular la que las lleva al borde de la desesperación. Más bien, es la constante acumulación de dificultades de todos los días. El no tener respiro. También se produce el agotamiento frente a la constante presión por satisfacer expectativas: "Una madre orde-

Aun si estoy en la casa de una amiga tomando un café puedo "escuchar" a mis hijos. Hasta cuando estoy dormida, estoy atenta. No hay ningún momento en el que esté "de descanso".

— ❧ —

¡Día tras día, no tengo tiempo para mí!

nada es una madre vir-
tuosa." "No dejes para
mañana lo que puedes
hacer hoy." "El trabajo
primero, el juego des-
pués." Las mujeres oyen

Necesito desesperadamente tiempo para mí... tiempo simplemente para descansar, para recuperar energías, para poder llegar al fin de semana, que es cuando mi esposo estará en casa.

estas normativas desde que son niñas pequeñas. Además, se agre-
gan a la lista los juicios de condena que expresan frases como:
"¡Pero tu hijo te necesita!"

Se afirma que las madres de niños preescolares son el grupo social
más exhausto, fatigado y recargado de exigencias de la sociedad. Pese
a las pocas horas de sueño, una alimentación desequilibrada, poco
ejercicio físico y los nervios deshechos, se espera que podamos hacer
malabarismos con varias pelotas sin dejar caer ninguna ni perder el
ritmo.

A menudo, el ciclo
de fatiga se intensifica
porque las madres exi-
gen más y más de sí mis-
mas para poder desem-
peñarse mejor y mejor,
hasta que caen aplastadas
bajo la montaña. "Las
mujeres con cansancio
crónico se muestran pe-
rezosas, impacientes, de-
primidas, irritables y
pierden el control fácil-
mente —escribe Dolo-
res Curran—. No es fá-
cil convivir con ellas, ni
siquiera es fácil para ellas
mismas. No disfrutan
mucho de su vida. Con
frecuencia, la mujer fati-
gada intenta exigir de-
masiado de sí misma,

Cuando renuncié a mi puesto administrativo, para dedicarme de tiempo completo a la tarea del hogar y la crianza de los hijos, esperaba tener más tiempo que antes para orar, leer y todo lo demás. ¡Qué equivocada estaba! Estar en casa todo el día con mis hijos significa que tengo menos tiempo para mí misma. ¡Ya no tengo ni tiempo libre al mediodía para hacer lo que me plazca!

— ❧ —

Las primeras semanas después del nacimiento de mi bebé, hubiera dado cualquier cosa a cambio de recuperar la vida que llevaba antes... tomarme una siesta el domingo por la tarde, salir de paseo en el momento en que tuviera ganas de hacerlo, o simplemente salir sin tener que pensar en buscar a alguien que cuide a mi bebé. No me esperaba tan gran responsabilidad permanente, sin descanso.

— ❧ —

Sé por qué volví a trabajar fuera de casa. ¡Necesitaba descansar!

pensando que renovar la actividad le disminuirá el cansancio."[1]

---

1 Dolores Curran, "Woman and Fatigue" [La mujer y la fatiga], *Denver Catholic Register*, 20
de octubre de 1986.

¡Esto no es broma! ¡Estamos exhaustas! ¡Hemos tocado fondo!

¡Estamos como exprimidas a seco! Las necesidades interminables, la responsabilidad, la presión que significa ser todo lo que nuestros hijos necesitan . . .

TODOS, MENOS LA MAMÁ

Los niños juegan. El papá mira televisión. Hasta los abuelos disfrutan del ritmo más antojadizo y libre de la vida. Pero una mamá está constantemente rodeada por sus responsabilidades, y eso significa trabajo, trabajo, trabajo.

Aquí hay una paradoja: Aunque universalmente se reconoce la necesidad de descanso, el hábito de tomar tiempo para la recreación personal prácticamente no existe. Las madres necesitan ese recreo, pero no lo toman.

Anne Morrow Lindbergh habla acerca de esa necesidad y cómo las madres se consagran por completo, sin darse tiempo para renovarse ellas mismas:

> Todos sus instintos femeninos de eterna nodriza de sus hijos, de los hombres, de la sociedad, le exigen que se entregue. Su tiempo, su energía y su creatividad se vierten en estos canales a la menor ocasión, a la menor filtración. Se nos enseña tradicionalmente a dar —de modo inmediato— allí donde se necesita, y nosotras lo anhelamos de modo instintivo. La mujer se desborda perpetuamente en gotitas que alimentan al sediento, y rara vez se le concede el tiempo, el silencio y la paz necesarios para que pueda rellenar su vasija hasta el borde.[1]

A veces no descansamos porque nos sentimos inseguras de dejar a nuestros hijos.

Dejar los niños siempre me ha resultado traumático. Parece que se salen de cauce, y se apegan demasiado a mí cuando regreso.

— ❧ —

¡¿Qué va a ocurrir si mis hijos me necesitan y no estoy allí?!

Otras madres no descansan porque creen que eso es señal de pereza o de egoísmo.

---

1 Anne Morrow Lindbergh: *Regalo del mar*, CIRCE, Barcelona, 1994, p. 48.

No descanso y ni siquiera advierto que lo necesito, hasta que me pongo descortés y poco razonable. Entonces mi esposo me dice: "Necesitas descanso." Lo que me pregunto es por qué no puedo percibirlo antes que sea demasiado tarde . . .

Frente a esta situación, la doctora Holly Atkinson explica que la mayoría de las mujeres han sido educadas en la creencia que sus necesidades deben ser satisfechas en último lugar: "Las mujeres son entrenadas para el autosacrificio. Se les enseña a completar sus obligaciones, y lo primero que sacrifican es su tiempo libre. Luego, sacrifican las horas de sueño."[1]

Siempre supongo que puedo quedarme despierta hasta más tarde, y de esa manera tener algo de tiempo para mí misma. ¡Pero no soy tan joven como antes y lo único que logro es cansarme más y ponerme de mal humor!

Las madres de niños pequeños tienen una necesidad básica e inalienable de reconstruirse para no desplomarse. Necesitan replegarse para no desintegrarse. Necesitan divertirse. Necesitan recreación.

RE-CREACIÓN

"Cuando se pierde la libertad de jugar, el mundo se torna un desierto", escribe Jurgen Moltman en su libro *The Theology of Play* [La teología del juego]. Son demasiadas las madres de niños preescolares que viven en el desierto. Lo que necesitan es tiempo y espacio para recrearse. Oportunidad para *re-crear* lo que son y lo que pueden ofrecer a otros.

La palabra *recrear* significa "restaurar, refrescar o crear otra vez". Puede implicar "restaurarse física y mentalmente, especialmente después del trabajo, por medio del juego, la distracción o la relajación". ¡Lo que las madres de niños pequeños necesitan es re-creación!

La re-creación nos hace mejores

Una encuesta reciente informa que las mujeres tienen dos a cuatro veces más probabilidades que los hombres de sufrir pesadillas, dolores de estómago y sensaciones de estar abrumadas y deprimidas. El ochenta y tres por ciento de las mujeres entrevistadas se sentían bajo la presión de desempeñarse a la perfección en todo lo que hicieran.

1 Dra. Holly Atkinson, en Dolores Curran, "Woman and Fatigue", *Denver Catholic Register*, 20 de octubre de 1986.

Es interesante que la risa y la recreación se combinan para aliviar el estrés y sus maléficos efectos. Cuando Norman Cousins enfrentó una enfermedad grave, usó la terapia de la risa en su recuperación. Una dosis de diez minutos diarios, mirando comedias en la televisión desde su cama en el hospital, aliviaban el dolor y lo ayudaban a dormir mejor.

La re-creación nos renueva. "La recreación . . . es un punto de contacto con la realidad y un catalizador de nuevas experiencias, nuevas personas, nuevos lugares", escribe Tim Hansel. Este mismo autor agrega: "Es el momento en que el don de la armonía y la plenitud empiezan a ser otra vez una esperanza y una posibilidad."[1]

La re-creación nos hace mejores madres

¿Quién no quiere ser una mejor mamá? Evaluamos nuestros esfuerzos y tratamos de imaginar cómo hacer para mejorar nuestra influencia sobre nuestros hijos. Un estudio en las universidades de Utah y Wisconsin de los Estados Unidos revela que el estrés (incluyendo las riñas diarias) causa más interferencia a la relación entre una madre y su hijo que un trabajo fuera del hogar.[2]

Es muy placentero salir sin los niños y conversar con gente de mi edad. O, simplemente, hacer algo que me gusta sin tener cerca de niños a quienes cuidar. Cuando regreso a casa, después de ese tiempo únicamente para mí, me siento mejor respecto a mí misma y a los niños. Siento como si hubiera recuperado el cauce normal, al menos en lo que se refiere a paciencia y comprensión hacia los niños.

Cuando descansamos para hacernos bien a nosotras mismas, mejoramos como madres.

Como lo expresa Dolores Curran: "Tomarse un descanso no es una actitud egoísta sino preventiva."[3] Denise Turner, esposa de un pastor, aprendió esta verdad, y dice: "Pasó mucho tiempo hasta que advertí que la habilidad de disfrutar de mis hijos está en relación directa con la cantidad de tiempo que dedico a divertirme con mi esposo y a darme tiempo para mí, para divertirme."[4]

Lo cierto es que, después de prestar un poco de atención a

1 Tim Hansel, *When I Relax, I Feel Guilty* [Cuando descanso me siento culpable], David C. Cook, Elgin, IL, 1979, p. 40.

2 Associated Press, "Study Finds Mother's Stress Affects Relations with Tots", *The Denver Post*, 13 de agosto de 1994.

3 Op. cit., Curran.

4 Denise Turner, "Keys to Happier Mothering", *Christian Herald*, mayo de 1986, p. 23.

nuestras necesidades personales, estamos mejor equipadas para satisfacer las necesidades de los que dependen de nosotras. Destinar tiempo para la recreación les comunica a otros, especialmente dentro de nuestra familia, que admitimos el valor que tiene cuidar de nosotras mismas. Pero ¿cómo podemos aprender a descansar y disfrutar de los beneficios que brinda el descanso?

Estoy mucho más disciplinada y más paciente cuando he dedicado tiempo para orar, salir a caminar y leer un poco por la mañana.

— ❧ —

Mi esposo y yo no habíamos pasado tiempo solos durante casi un año. La gran noche de salida, fuimos de compras a buscar un colchón. Estábamos muy entusiasmados . . . ¡Nos divertimos de lo lindo!

LA ESCUELA DEL JUEGO

La mayoría de las mujeres tienen que aprender a jugar. Sabíamos hacerlo cuando éramos niñas, por supuesto; pero a medida que nos encaminamos hacia la edad adulta, fuimos superando el hábito de jugar, de la misma forma en que nos fueron quedando cortas las prendas de ropa. Para los adultos, jugar significa entrar en contacto con la niñez que hemos dejado atrás. El juego tiene varios ingredientes. Podemos aprender a disfrutarlos en forma separada o combinada.

Aprenda a reírse

Cuando nos reímos de la vida y de nosotras mismas a medida que nos vamos abriendo paso en ella, nos sentimos más felices, más coherentes, y hasta más físicamente sanas. La risa alivia el estrés y relaja las tensiones. Según

Me desperté una mañana y encontré a mis hijos sentados en el piso en medio de un desparramo de cereales. ¡Estaban tan entusiasmados respecto a prepararse el desayuno que no tuve más remedio que reírme!

algunos estudios, da vigor al abdomen, incrementa la circulación y mejora el tono muscular. Se ha dicho que reír a carcajadas varias veces al día produce los mismos beneficios que diez minutos de ejercicio vigoroso. ¡Es cuestión de empezar!

Reírnos de nosotras mismas quita el aguijón de nuestros errores y de las cosas que no podemos controlar. Puesto que tenemos que vivir con nosotras mismas, no es mala idea que seamos buena compañía. El humor también nos ayuda a mantener el control en situaciones en las que tendemos a perder la paciencia.

"Una mamá que puede reírse de sí misma, con sus hijos y frente a esas situaciones difíciles de la vida, está muy avanzada en la ruta del dominio propio —escriben Grace Ketterman y Pat Holt—. La sabiduría de dar un paso atrás y percibir la situación con humor... nos ayuda a recuperar el control."[1]

La risa también nos da *perspectiva*.

La risa es contagiosa. Fue William Arthur Ward quien lo dijo en síntesis, cuando escribió: "El auténtico sentido de humor nos ayuda a pasar por alto al prójimo inoportuno, a comprender al diferente, a tolerar al desagradable, a supcrar lo inesperado, a soportar lo insoportable."[2]

Alégrese un poco

¿Para qué tanta seriedad? ¿Por qué hacemos muchas cosas con tanta gravedad si después de todo no son importantes? Por ejemplo, debemos preguntarnos lo que es más importante: arropar en la cama a un niño sucio y feliz, o a uno limpio pero malhumorado.

¿Dónde está la diversión? Pensaba que ser madre iba a resultar divertido. Por el contrario, sólo encuentro una tarea rutinaria tras otra.

— ❧ —

Cuando le enseñaba a mi hijo a no usar pañales, me cansé tanto de llegar siempre tarde con la bacinilla que ¡terminé poniéndola dentro del andador y sujetando al muchachito adentro!

Ocasionalmente, necesitamos recuperar la espontaneidad en la rutina. Damos por sentado que toda excursión requiere salir con los brazos cargados de equipo. ¿Es en realidad así?

¿Qué podría llegar a ocurrir si salimos con un solo pañal, algunas toallas de papel y una jarra de jugo, como única posesión? ¿Qué pasaría si en lugar de renegar por los juguetes desparramados por el piso de la sala nos abriéramos paso entre el montón y miráramos la vida desde la perspectiva de un niño de dos años de edad? ¿Ha notado alguna vez cuántos estímulos interesantes hay apenas a quince centímetros del suelo? ¿Qué ocurre si suspende su horario para pasar un momento de diversión no planificada? ¿Qué pasaría si una noche despejada

---

1 Grace Ketterman y Pat Holt, *When You Feel Like Screaming* [Cuando da ganas de dar un alarido], Harold Shaw, Wheaton, IL, 1988, p. 48.
2 William Arthur Ward, "Think It Over", *Fort Worth Star Telegram*.

de verano despertara a su hijo y lo llevara a contemplar las estrellas? La recreación requiere espontaneidad. No renuncie a la vida, justamente en esta etapa en que los días están cargados de oportunidades para llenarse de recuerdos con sus hijos.

Abrace la diversión en cualquier lugar y momento en que se presente, y sumérjase en ella plenamente. "Debiéramos tratar la diversión con reverencia — escribió en el *New York Times* la periodista Suzanne Britt Jordan —. La diversión es un misterio. No se la puede contraer como un virus. No puede ser atrapada como un animal. Cuando llega, en puntas de pie, es posible que usted no haya estado esperándola. En realidad, apuesto a que aparece cuando está haciendo sus tareas o su trabajo. Hasta podría aparecer un martes."[1]

Reduzca el ritmo

¿Qué apuro tiene? En su libro *The Hurried Child* [El niño apresurado], David Elkind nos recomienda reducir la velocidad en nuestro ritmo de vida y en nuestro desempeño como madres. Estamos tan apresuradas que dejamos atrás justamente la tarea del juego que tanto necesitan nuestros hijos en la infancia.

Los bebés de seis meses están aprendiendo a sentarse, no a correr. Los niños de un año y medio se alejan de su mamá y vuelven, para alejarse una y otra vez en su constante exploración del mundo, siempre asegurándose de que ella esté cerca. Los niños de tres años de edad quieren tocar, mirar y hacer todo por sí mismos, y se sienten frustrados si no pueden hacerlo solos.

La niñez llega con sus propias tareas de desempeño. Entre ellas, está el juego. En realidad, el mundo de un niño *es* juego. A través del juego, los niños interiorizan su personalidad, su sexualidad y su comprensión acerca de la vida. Cuando olvidamos nuestra propia necesidad del juego y la de nuestros hijos, impedimos el gozo de llevar la vida tal como ha sido dispuesto que la vivamos.

Aligere su ritmo. Saboree el momento que está viviendo ahora. Créalo o no, esta etapa pasará pronto. Demasiado pronto.

DIVERSIÓN Y ESTADO FÍSICO

Los médicos, los psicólogos y otros expertos, captan claramente los beneficios del buen estado físico en el bienestar general de la persona. Cuando no estamos en forma, no nos sentimos bien y nos cansamos fácilmente. En pocas palabras, ¡estamos en

---

1 Suzanne Britt Jordan, "Run, Oh Boy, Run!", *New York Times*, 23 de diciembre de 1979.

pésimas condiciones para la convivencia!

El descanso que muchas madres necesitan es simplemente una caminata alrededor de la manzana, para respirar el aire fresco y para que la sangre circule libremente. Otras necesitan alimentarse mejor. Otras necesitan una siesta de media hora todos los días. Todos estos factores se suman para configurar un buen estado físico.

Si bien a veces es prácticamente imposible obtener ese descanso tan necesario, usted puede aprender a sacar provecho de los momentos inesperados por aquí y por allá. Túrnese con una amiga para cuidar a los niños, para que cada una tenga un momento para salir a caminar por el vecindario. Lo que quiero decir es que sea ingeniosa. Si en realidad se lo propone, *encontrará* la manera de hacerlo.

¿Necesita cultivar mejores hábitos alimenticios? Póngase a dieta con algunas compañeras. Niéguese un antojo por día. No coma las sobras que dejan sus hijos en el plato. Suspenda el azúcar durante un fin de semana. Incluya más frutas y verduras en el menú de la familia. (La cuota recomendada es de cinco porciones por día.) Juegue con sus hijos a contar cuántas frutas y verduras comen, empezando por un jugo en el desayuno. Pídales colaboración para pelar las naranjas o cortar la lechuga. A menudo, cuando un niño ayuda en la cocina parte del tiempo, desarrolla más el gusto por la variedad de comidas.

Propóngase descansar más. Cuando ponga a su bebé a dormir la siesta, recuéstese un poco usted también. Si el niño ya ha crecido y no hace siesta, mantenga el horario como un momento de quietud y recuéstese con él o ella a leer un libro. ¡Seguro que no tendrá toda la ropa doblada y guardada, pero será una persona más agradable con la cual vivir!

En la agenda excesivamente cargada que tenemos muchas mujeres, lo primero que se abandona es el entrenamiento físico. Nos imaginamos que nadie se dará cuenta. No es así. Lo pensemos o no, la falta de amor hacia nuestro cuerpo se ve en lo exterior, y el interior sufre. Con el tiempo, el daño se demostrará bajo las formas de impaciencia, irritabilidad y una actitud de constante mal humor. Si una mujer no se siente bien respecto a sí misma, es menos probable que trate a otros con gentileza.

Con frecuencia, llegar a estar en buena forma requiere disciplina y determinación, pero los resultados valen la pena. Todo el esfuerzo, una vez encaminado, puede ser divertido. Y además: el ejercicio es adictivo. ¿Un consejo? ¡Hágalo!

ALIMENTE SU ESPÍRITU

Durante la etapa en que se exige mucho de nosotras, necesitamos contar con una fuente permanente de nutrición.

El Salmo 42:1 brinda una metáfora de numerosas madres a las que les gustaría mucho pasar tiempo con Dios pero no logran encontrar un momento en medio de su jornada siempre agitada: "Como el ciervo brama por las corrientes de las aguas, así clama por ti, oh Dios, el alma mía."

Hay muchos días en que sentimos sequedad de espíritu y nos preguntamos si alguna vez volveremos a "encontrarnos con Dios". El sólo esfuerzo de ir una vez por semana a la iglesia se torna difícil.

En lugar de quedarnos a la espera de una oportunidad de "ir a la casa del Señor", ¿por qué no invitarlo a nuestra propia casa? Aproveche los momentos de siesta de su hijo y lea algunos versículos del Evangelio según Juan. Cuando pida la bendición por los alimentos, haga de ese momento un tiempo de oración concreta sobre las cosas de ese día. Deje su Biblia abierta sobre la mesa y aprópiese una frase de los Salmos cada vez que pasa. Coloque un tarjetero en algún lugar apropiado de la cocina y paladee bocaditos de las Escrituras. Escuche cintas grabadas con porciones bíblicas mientras viaja en auto. Haga caminatas de oración por el vecindario y hable con Dios acerca de los detalles de ese día en particular.

Cuando piense en tomarse un descanso, incluya prácticas que alimenten su espíritu.

CONCÉNTRESE EN LA DIVERSIÓN

Aprenda a reírse. Alégrese con la espontaneidad. Aquiétese. Procure estar en forma. Alimente su espíritu. Propóngase incluir la diversión en su vida.

La recreación tiene lugar cuando nos proponemos concentrarnos en la diversión, tanto nuestra como la de nuestra familia.

Antes de tener hijos, en mi trabajo me acostumbré a hacer solamente lo que figuraba en mi horario diario. Si algo no estaba en esa lista, no lo hacía. Y ahora ocurre que en mi lista diaria nunca figura la diversión.

Diversión para la mamá

Las madres necesitan algo que puedan disfrutar solas, sin compartir ese tiempo con los hijos ni otros miembros de la familia.

Ingenie la manera de tomarse un descanso usted sola. Quizás sean

Mi lugar de escape es un pequeño depósito de juguetes. Allí me siento niña por un rato; es como si me hubiera fugado y escondido de todos.

— ❧ —

Les propongo a los chicos que juguemos a las escondidas. Ellos se esconden, ¡y yo disfruto de toda la tranquilidad que deseo por el tiempo que lo desee, hasta que decida encontrarlos!

— ❧ —

Tenemos un granero, caballos y muchos fardos de paja. Cuando necesito un rato de quietud, anuncio que debo ir a ordenar los fardos de paja, pero en realidad lo que hago es ir a sentarme sobre ellos. Generalmente, con esa excusa recibo unos treinta minutos de recreo. Y mi esposo nunca me reprocha el desorden del granero!

apenas "cinco minutos de paz" que ha logrado intercalar en el loco mundo en el que vive.

Quizás obtenga tiempo para usted misma planificando los momentos de recreación. Muchas madres planifican tiempo propio de manera sistemática. Una clase de cocina. Un entrenamiento. Una caminata. Una salida con las amigas.

Pídale ayuda a su esposo. Si es soltera, intercambie el cuidado de los niños con otra mamá. Pero no deje de separar un horario de manera intencional para su propia renovación. Luego haga todo lo necesario para asegurarse de cumplirlo. Encontrará refrigerio tanto en la expectativa como en la experiencia misma.

Diversión en familia

La autora Dolores Curran, considera el sentido del humor y el juego como ingredientes importantes en la vida de una familia saludable y equilibrada. Algunas madres ya lo saben, y valoran la recreación familiar.

Mi hijo quiso ser amable conmigo un día y me ayudó con varias tareas. Hicimos el lavado juntos, barrimos el piso, guardamos los juguetes, y así seguimos con varias tareas. Más tarde, ese mismo día, me dijo que habíamos hecho todo menos divertirnos y pasar un tiempo jugando. Mis metas se habían cumplido, pero mi hijo, más que ninguna otra cosa, quería mi tiempo y mi risa. Ahora hemos asignado un día solamente para la "diversión".

"La mayoría de los norteamericanos de clase media tienden a rendir culto a su trabajo, a trabajar cuando juegan y a jugar cuando están en el culto — escribe Gordon Dahl —. Sus relaciones se desintegran más rápido de lo que logran repararlas, y su estilo de vida se parece a un grupo de actores en busca de argumento."[1]

Como madres, necesitamos aprender a dar tiempo a la recreación en la familia. Si no la planificamos, es poco probable que ocurra.

Aquí le damos varias sugerencias respecto a la diversión en familia:

- *Lleve a cabo una asamblea familiar.* Cada miembro de la familia debe elegir una actividad recreativa para el mes. Cree el clima adecuado, mostrándose usted misma entusiasta con el proyecto. Incorpórese al proceso de toma de decisiones. Usted también tiene derecho a un turno para generar la diversión.

- *Piense en los integrantes de la familia como si fueran juguetes.* En lugar de buscar pasatiempos costosos o comprar entretenimientos, piense en quienes le rodean como una fuente gratuita de diversión.

- *Disfrute lo cotidiano tanto como lo excepcional.* "La celebración trae gozo a la vida, y el gozo nos hace más fuertes", escribe Richard Foster.[2] Haga de la celebración una parte de su vida de familia.

  Por ejemplo, elija un plato en particular y póngale un rótulo: "Plato para una persona muy especial". Sirva en ese plato la comida en honor a un miembro de la familia en ocasiones especiales. Festeje los cumpleaños con globos, tarjetas hechas por usted misma, serenatas de cumpleaños a la hora exacta del nacimiento, y gorritos para los que cumplen años. Subraye el valor de cada persona de su familia, destacando los días y los momentos especiales que pueden celebrar.

- *Mantenga tradiciones familiares.* Cada familia cuenta con algunos rituales que "siempre" ha mantenido. Combine algunos de su propio trasfondo familiar con los de la familia de su esposo, y luego inventen algunos nuevos. Los rituales ofrecen significado, momentos predecibles, y una herencia de ideales.

Las madres de hijos de edad preescolar son las que más carecen en lo que a recreación de refiere. Pero necesitamos cultivar los hábitos de aprender a reír, a estar alegres, a aquietarnos y a divertirnos. ¡Descanse . . . antes de cansarse!

---

1 Gordon Dahl, *Work, Play, and Worship in a Leisure Orientated Society*, Augsberg, Minneapolis, MN, 1972, p. 12.

2 Richard Foster, *Alabanza a la disciplina*, Editorial Betania.

Pasos Prácticos

PASO PRÁCTICO N° 1:

Combata el estrés con la risa

Cultive el hábito de sonreír. La expresión facial es contagiosa. Sonríase a usted misma, sonríale a sus hijos, y sonría a otros: en los semáforos, en el mercado, en cualquier sitio.

Cuando lleva una sonrisa en el rostro, es menos probable que se sienta refunfuñosa y malhumorada.

Aprenda a reírse. La risa puede ayudarle a combatir el estrés y a promover la salud. He aquí algunas sugerencias para sacudirse el estrés con un poco de risa:

1. Intente ver el humor en las situaciones que la rodean.
2. Imagine cómo pudiera percibir un niño cierta situación.
3. Tome en serio su trabajo; pero no se tome tan en serio a sí misma.
4. Sea espontánea. Diversión en vez de tensión.
5. Juegue . . . con niños, perros, gatos, cometas, con lo que sea.
6. Cuando tenga alguna duda, hágase la desentendida.
7. Pase tiempo con amigos que la hagan reír.[1]

PASO PRÁCTICO N° 2:

Pruebe estas ideas para alegrarse

Cuando su hijo estaba preparándose para ingresar a la vida universitaria, H. Jackson Brown anotó algunas palabras de sabiduría y se las dio para que las llevara consigo. Brown no podía imaginar que más tarde habría gente a lo largo y a lo ancho del continente que tomaría su consejo al pie de la letra. Aquí hemos seleccionado algunas de entre las 511 sugerencias de su libro *Life's Little Instruction Book* [Pequeño manual para la vida], un gran éxito de librería:

3. Contemple un amanecer.
10. Aprenda a tocar un instrumento.
11. Cante bajo la ducha.
69. Silbe.

---

1 Bárbara Johnson, Boletín de *Spatula Ministries,* La Habra, CA, enero de 1993.

150. Cante en un coro.

182. Sea romántica.

244. Ponga un comedero para aves que pueda verse desde la ventana de su cocina.

261. Tome vacaciones en familia.

267. Recuéstese y contemple las estrellas.

330. Avive el fuego de viejas amistades.

337. Lea nuevamente un libro favorito.

345. Pruebe todo lo que se ofrece como muestra gratis en el supermercado.

347. Nunca deje pasar la oportunidad de decirle a alguien cuánto lo quiere.

376. Separe una noche por semana para estar a solas con su cónyuge.

402. Comience cada día con su música favorita.

443. Ríase mucho.

477. Agradezca por los alimentos antes de cada comida.

510. Piense en todas las bendiciones que tiene.[1]

PASO PRÁCTICO Nº 3:

Procure estar en forma

Aquí tiene un programa inicial de seis semanas que le ayudará a reducir el estrés y la tensión; rápidamente la hará sentirse y verse mejor.

- *Semanas 1, 2 y 3:* Camine al aire libre, suba y baje por una escalera, haga ejercicio en una bicicleta fija, durante quince minutos, tres veces por semana.

  — No se aflija por la distancia que recorra o por la velocidad; concéntrese en cumplir los quince minutos de ejercicio.

  — Mueva las piernas con el ritmo suficiente como para incrementar el ritmo respiratorio, pero no tanto como para quedarse sin aliento. Mantenga un ritmo *parejo* en el que se sienta cómoda durante todo el tiempo de ejercicio.

  — Los mejores momentos para esta rutina son antes del

---

1 H. Jackson Brown (hijo), *Life's Little Instruction Book*, Rutledge Hill Press, Nashville, TN, 1991.

desayuno o antes de la cena. (Si hace ejercicios en casa puede mirar televisión o leer mientras practica.)

- *Semana 4:* Haga ejercicios veinte minutos, tres veces.
- *Semana 5:* Haga ejercicios durante veinticinco minutos, tres veces.
- *Semana 6:* Haga ejercicios durante treinta minutos, tres veces.

Después de la sexta semana, puede optar entre seguir aumentando gradualmente el tiempo hasta llegar a los cuarenta y cinco a sesenta minutos, o aumentar el ritmo dentro del mismo período de treinta minutos.

Si sale a caminar, puede alternar entre marcha rápida y trote lento (trotar o correr con velocidad incrementa las posibilidades de que sufra un accidente).

Si practica en su casa puede incrementar la tensión en el aparato de ejercicios.

Nota: Si está tratando de bajar de peso, considere la posibilidad de hacer como mínimo treinta y cinco minutos *diarios* de ejercicio dinámico.

PASO PRÁCTICO Nº 4:

Dése tiempo para un programa de entrenamiento

Si es una mamá joven con muy poco tiempo para sí misma, recurra a las siguientes ideas para "escurrir" algunos momentos de entrenamiento:

- Mientras el bebé duerme, rastrille las hojas del jardín, retire la nieve, barra el acceso de la casa, o realice cualquier otra tarea similar que haga quemar calorías.
- Inscríbase en un gimnasio que ofrezca cuidado de niños mientras las madres entrenan.
- Salga a hacer largas caminatas llevando a su bebé en el cochecito.
- Elabore un plan con alguna otra mamá primeriza que desee entrenar. Ella cuida los dos bebés mientras usted se ejercita una hora, y luego cambian los papeles.
- Contrate una niñera para el horario en que irá al gimnasio. Un cuerpo más sano y una mente menos extenuada bien valen ese gasto.

- Ejercítese siguiendo un programa de televisión preparado para ello, o alquile el video de entrenamiento de su estrella favorita, para usarlo mientras el bebé duerme su siesta.[1]

PASO PRÁCTICO Nº 5:

Cuide su apariencia

Separar tiempo para arreglarse el cabello y hacer el maquillaje no es nada fácil mientras hay niños pequeños para atender; pero una vez que se logra, rinde un enorme beneficio en el bienestar de la vida cotidiana.

Aquí hay algunas hermosas ideas para cuidarse usted misma:

- Piense de manera positiva acerca de sí misma cuando se mira en el espejo. Póngase derecha y contraiga el abdomen. Esto la obliga a mantenerse erguida y en una actitud más positiva. Pruebe darse un poco de esa admiración sin disimulo que su hijito pequeño se da cuando se mira a sí mismo en el espejo. No se aflija por sus defectos.

- Busque un estilo de peinado atractivo, y luego manténgalo.

- Dedique un poco de tiempo a combinar la ropa. Deshágase de la ropa vieja que tiene el ropero, para que no se sienta tentada a usarla.

- No abandone algunos de esos pequeños lujos que disfrutaba cuando aún no tenía niños. Deje alguien a cargo del mundo mientras usted se da un baño caliente. Luego arréglese las uñas y acondiciónese el cabello. Dése el gusto de una máscara facial. Repose con saquitos de té húmedos sobre sus párpados, para disminuir la hinchazón.

- Invite a una amiga y arréglense una a la otra. Pídale sugerencias para un nuevo peinado o una nueva forma de encarar el maquillaje. Esas sesiones de cuidado mutuo siguen cumpliendo una función social. ¡No se acabaron cuando terminaron las fiestas de adolescentes!

- Si le gusta estar al día con la moda, lea revistas femeninas para enterarse de nuevos estilos de peinado, técnicas de maquillaje e ideas para la vestimenta. Pero lea con una precaución: asegúrese de retener sólo las nuevas ideas. Arroje las utopías perfeccionistas al canasto de residuos. Cuando alguien dijo de Abraham Lincoln que "era un

---

1   Op. cit., Michel, p. 81.

hombre de aspecto corriente", éste respondió: "Amigo, el Señor prefiere la gente de aspecto corriente. Por eso hace tantos de la misma clase."[1]

PASO PRÁCTICO Nº 6:

Use esta lista de control para evaluar su estado físico

Los siguientes hábitos le ayudarán a generar un estilo de vida saludable:

- No pase por alto el desayuno.
- Beba ocho vasos de agua por día.
- Haga ejercicios por lo menos tres veces por semana.
- Ingiera una dieta saludable, que incluya:
  — Cinco porciones de verduras o frutas por día.
  — Alimentos ricos en hierro y en calcio, tales como carnes sin grasa, verduras y suplemento vitamínico, si fuera necesario.
  — Comidas con poca grasa, ricas en proteínas y carbohidratos.
- Salga a tomar un poco de aire fresco todos los días.
- Busque la manera de darse al menos un breve tiempo de privacidad y quietud.
- Asegúrese de descansar lo suficiente, aun si eso significa tomar una breve siesta mientras su hijo duerme, en lugar de limpiar la sala.

PASO PRÁCTICO Nº 7:

Tome ánimo de la Palabra de Dios

Venid a mí todos los que estáis trabajados y cargados, y yo os haré descansar. Llevad mi yugo sobre vosotros, y aprended de mí, que soy manso y humilde de corazón; y hallaréis descanso para vuestras almas; porque mi yugo es fácil, y ligera mi carga.

Mateo 11:28-30

---

1 Reimpreso y adaptado de Cindy Tolliver, *At-Home Motherhood*, Resource Publications, San José, CA, 1994, pp. 178-180.

El corazón alegre hermosea el rostro; mas por el dolor del corazón el espíritu se abate.

Proverbios 15:13

El corazón alegre constituye buen remedio; mas el espíritu triste seca los huesos.

Proverbios 17:22

Él hace habitar en familia a la estéril, que se goza en ser madre de hijos.

Salmos 113:9

Levantándose muy de mañana, siendo aún muy oscuro, salió y se fue a un lugar desierto, y allí oraba.

Marcos 1:35

PASO PRÁCTICO Nº 8:

Planifique una campaña recreativa

Aquí tiene algunas ideas sobre cómo programar un poco de diversión:

- De cuando en cuando, envíe una nota a la escuelita explicando que su hijo se quedará en casa a jugar con su mamá. Luego planee una actividad especial, como ir a almorzar en el parque. Colúmpiense juntos.

- Conozca personas y lugares nuevos. Vaya de paseo a un barrio donde viven personas de otro trasfondo étnico. Lea sobre la cultura y las costumbres de otras gentes. Almuerce en restaurantes que sirven platos típicos de diferentes países.

- Desarrolle un pasatiempo. Haga memoria de las cosas de las cuales disfrutaba en la infancia. Busque su colección de estampillas o de pequeñas artesanías que hizo cuando fue a un campamento. Inscríbase en un taller de cerámica, de pintura o de tallado en madera. Considere la posibilidad de sumarse a un club de lectura que lea y revise los mejores libros publicados recientemente, en un ambiente de grupo pequeño. Disfrute del aire libre, haciendo tareas en el jardín. Asista a clases de cocina y aprenda algunas delicias culinarias.

Máxima para las madres

Si la mamá no está contenta, nadie está contento.

Perspectiva:

A veces pierdo el enfoque

Delia estaba de pie junto a la pileta de la cocina, contemplando a través de la ventana, imaginándose el momento en que sus hijos crecieran, para ya no vivir en una casa desordenada. De pronto volvió a la realidad, recordó que el agua estaba corriendo y empezó a enjuagar los utensilios del desayuno. Después limpió la leche y las migas pegajosas de la mesa y barrió el piso. Echando una mirada a la sala, vio la tarea que la esperaba: limpiar la alfombra, totalmente cubierta de piecitas de un rompecabezas, un juego de té de tacitas plásticas, ropa y creyones.

En ese momento, sintió un tirón en los pantalones y miró hacia abajo.

— Mamita, ¿puedes leerme un cuento? — imploró Sara, de cuatro años de edad, portando su libro favorito: *Buenas noches, luna.*

Delia le había leído ese libro cientos de veces en las últimas semanas.

— No ahora, cielito — suspiró Delia— . Quizá más tarde.

Sara se quejó y luego se abrazó de las piernas de su mamá, de modo que Delia no podía moverse.

— ¡Sara! ¿No te das cuenta de que mamá está muy ocupada hoy? Tengo que limpiar la cocina, lavar la ropa, hacer las compras, y terminar de escribir las notas de agradecimiento por los regalos que recibimos cuando nació Marita. ¡Y ahora veo que has hecho todo este lío en la sala, y tengo que limpiar eso también!

— ¡Pero mamá, la cocina *está* limpia! Y siempre estás lavando la ropa . . . y la alfombra no me parece tan sucia — insistió Sara.

— Ahora no, Sara. Quizá más tarde — respondió con firmeza

Delia, separando los brazos de la niña aferrada a sus piernas.

Marchó hacia la máquina de lavar. Sólo había algunas toallas para doblar; pero Delia no era de las que dejaban que las cosas se acumularan.

Sonó el teléfono. Era Beatriz, su querida amiga, su anterior colega de trabajo. Después de conversar sobre los viejos tiempos durante unos quince minutos, Delia fue a ver a la bebé, que hacía su siesta. Bien, seguía dormida.

¿Pero dónde se había metido Sarita? Asomándose por el pasillo hacia la habitación de su hija, Delia encontró a Sara en su pequeña mecedora, sosteniendo un libro, sentada frente a una hilera de atentos animalitos de peluche. Estaban dispuestos al estilo de un auditorio y daban la impresión de fanáticos entusiastas ante un gran ídolo.

"En la gran habitación verde, había un teléfono y un globo rojo y una figura de una vaca saltando sobre la luna. Y había tres ositos sentados en sus sillas . . ." Sara "leía" del libro *Buenas noches, lunita,* imitando la entonación con que lo hacía su mamá.

De pronto cerró el libro y le anunció a su ansioso público:

— Había olvidado algo. ¡Hoy no tengo tiempo para leer! ¡Tengo demasiado para hacer!

Levantándose prestamente de la mecedora, marchó hacia donde estaba una muñeca bebé, la levantó y la dejó caer en un corralito.

— No, no puedo leerte ahora. Quizá más tarde. ¡Y no me lo vuelvas a pedir! ¿No puedes ver que estoy ocupada?

Delia retrocedió al rincón y se apoyó contra la pared, reflexionando sobre la dramatización de papeles que acababa de presenciar. *¡Ay! ¿Es así como me ve Sarita? De la boca de una niña de cuatro años de edad . . . Quizás a veces me olvido lo que es de veras importante y pierdo la perspectiva,* pensó.

OTRA PERSPECTIVA

Ahora no, quizá más tarde. No se puede escuchar esa conocida frase, tan típica de madres a hijos, sin sentir algunos dardos de culpa, ¿verdad? Pero este capítulo no trata acerca de la culpa. Es acerca de una lucha mayor que enfrentamos día tras día. Se trata de la lucha por aprender a controlar nuestro activismo y encarar las cosas en la justa perspectiva. La lucha por el equilibrio entre lo urgente y lo importante. La lucha por reconocer cuáles son nuestras opciones y por tomar las decisiones con sabiduría, para no reprocharnos o sentir culpa.

¿Qué queremos decir por "perspectiva"? Es la habilidad de

estar justo entre el ayer y el mañana y comprender de qué manera el hoy cabe en el medio. Para descubrir cómo el presente, como madres de niños pequeños, cabe en nuestro papel más prolongado como mujeres, es preciso que demos un paso atrás para captar una perspectiva más amplia de la vida en su totalidad. Tenemos que identificar algunas metas que trascienden el momento y recordar hacia dónde nos estamos encaminando.

La perspectiva significa mirar más allá del momento, tomando como referencia la totalidad de la vida. Las madres de niños preescolares necesitan perspectiva durante el período en que la meta de tener la casa limpia puede desplazar la preferencia por un momento de hacer cosquillas, y la lista de tareas domésticas puede frustrar la posibilidad de un rato en la falda de mamá. Necesitamos reconocer la diferencia entre lo urgente y lo esencial.

En cualquier etapa de la vida es difícil mantener la perspectiva. El presente impone tantas exigencias que cobra significado propio, desprendiéndose del lugar pertinente que tiene en el contexto de la eternidad. Pero además a las madres de niños preescolares nos asechan varios mitos respecto a la crianza de los hijos. Esas mentiras están procurando introducirse en el pensamiento y distorsionar nuestra perspectiva.

MITOS Y REALIDAD RESPECTO
A LA MATERNIDAD

Nos hemos dejado imponer ciertos mitos sobre la maternidad si fueran verdades, sin advertir que es falso mucho de lo que orienta nuestra manera de pensar y nuestra conducta. En consecuencia, a menudo olvidamos por qué estamos haciendo lo que hacemos y lo que en realidad cuenta a largo plazo.

A continuación mencionamos cuatro mitos y sus correspondientes correcciones, según la realidad. Léalos cuidadosamente para descubrir en qué aspecto podría estar mal orientada en cuanto a qué motiva su acción como madre.

Mito Nº 1: La vida funciona en la medida en que logramos
tener todo bajo control

Realidad: Usted no puede controlarlo todo.
Tiene que seguir el flujo de la vida.

Tendemos a creer que debemos tener todo bajo control en todo momento. Creemos que si lo logramos, las cosas grandes y las cosas pequeñas de la existencia van a fluir sin dificultad.

Ese es un sueño . . . pero después despertamos por la mañana y enfrentamos la cruda realidad.

> *Me sorprende cuánto me pueden llegar a molestar las cosas sin importancia . . . como un jugo que se ha derramado.*
>
> — 🍂 —
>
> *Cuando llega una visita inesperada me siento muy perturbada porque se pone en evidencia que no soy muy ordenada.*
>
> — 🍂 —
>
> *La parte más difícil de ser madre es no poder controlar lo que hace otro ser humano.*

Ocurre lo opuesto. El mito de que podemos hacer que la vida siga su curso si mantenemos todo bajo control, da lugar a la realidad de que la mayor parte de la vida está fuera de nuestro control. Tratar de hacernos cargo de todo lo que ocurre en la vida sólo conduce a la frustración y la desesperación.

Lo cierto es que la vida tiene vida propia. Considere los niños, por ejemplo. Los bebés nos vomitan encima justo cuando estamos por salir. Los niños se orinan, semanas después que creíamos que ya no necesitaban pañales. Los que entran al jardín de infantes se aferran, intimidados, a la falda de su mamá, pese a que han estado ansiosamente marcando el almanaque y contando los días durante todo el mes previo.

Además de los niños, también los asuntos cotidianos rehúsan someterse a nuestro control. Los vehículos congestionan el tránsito. En el negocio hay largas colas. Tres facturas de pago llegan el mismo día. Se cae el relleno de una muela. Se vuelca la leche. Se sale un botón de la camisa.

¿Cómo hacemos para contrarrestar este frustrante mito del control total? Con una fuerte dosis de acción práctica.

Renuncie al control. La *Oración de la serenidad*, popular para sobreponerse a las adicciones, también es una palabra poderosa aplicada al mundo de las madres de niños preescolares. He aquí las inolvidables palabras de Reinhold Neibuhr:

Dios, concédeme serenidad
para aceptar las cosas que no puedo cambiar;
Valor para cambiar las cosas que puedo cambiar;
Y sabiduría para reconocer la diferencia.

Las madres que entregan el control a Dios experimentan paz y descanso.

Rechace el mito de que la vida puede ser totalmente controlada, antes que le haga perder perspectiva y salud. Renuncie a sus intentos de controlar la vida.

Reaccione sólo respecto a las responsabilidades que le han sido asignadas. Muchas mujeres tomamos prestadas cargas de otros. Decidimos hacernos responsables de la felicidad de una amiga, la salud de un hijo, la plena felicidad del esposo.

La doctora Marianne Neifert, más conocida como "Doctora Mamá", admite con candidez: "Puedo decir que no fue Dios quien puso todo eso dentro de mi mochila. Cuando miré adentro, vi mi propia ambición, la

> *Dios me enseñó a esperar en Él, cuando cambiaron seis veces el destino militar de mi esposo; luego, cuando mi esposo decidió buscar trabajo fuera del ejército y mientras vivíamos en una especie de limbo. Todo eso es contrario a mi tendencia natural. Me gusta planificar y tener metas, soy una organizadora obsesiva y una perfeccionista.*

necesidad de recibir aprobación de los demás, el perfeccionismo. Esas cosas las puse yo allí. Por eso era tan pesada la carga."[1]

El escritor A. J. Russell sugiere que el estrés se produce cuando pretendemos llevar la carga de dos días en lugar de llevar la de uno solo. Sus palabras nos traen el eco de aquellas de Jesús: "Así que, no os afanéis por el día de mañana, porque el día de mañana traerá su afán. Basta a cada día su propio mal" (Mateo 6:34).

Lo positivo del humor. Cuando la realidad hace añicos el mito de que podemos controlar nuestro entorno, el humor nos puede ayudar. Pruebe estas frases:

> Dios me puso en la tierra para cumplir con cierta cantidad de tareas. Estoy tan atrasada que nunca voy a llegar a la muerte.

> La vida es ardua... y después la muerte.

> Ríase de su incapacidad de controlarlo todo. ¡El humor alivia nuestro dolor o nuestra frustración, porque al reírnos admitimos nuestra humanidad!

Muy bien. ¿Está lista para romper otro mito?

---

1 Dra. Marianne Neifert en Betty Johnson, "The Juggling Act of Dr. Mom", *Virtue*, marzo y abril de 1994, p. 39.

Mito Nº 2: Debo hacerlo todo a la perfección ahora mismo

*La realidad: No puedo hacerlo todo, pero puedo hacer
lo que sea de veras importante.*

Las expectativas que tenemos respecto a lo que debemos estar rindiendo son astronómicamente elevadas e irreales. Somos aun más que la "Super mamá" y nos hemos encaramado al pedestal de la perfección. ¡Damos por sentado que podemos hacerlo todo bien y *ahora mismo*!

¿Correcto? No, falso.

"A medida que siguen apareciendo desafíos — dijo en una ocasión Erma Bombeck —, una mamá finalmente reconoce que no puede mantener el ritmo porque de lo contrario terminará en estado de coma en la pileta de la cocina."

Con frecuencia me preocupo excesivamente por los detalles de la vida cotidiana y olvido cuál es mi lugar en el panorama más amplio.

— ❧ —

La realidad me mostró que no puedo ser "Super mamá". Lo importante es dejarles un legado a mis hijos y orientarlos hacia Dios. Los platos pueden esperar para después.

— ❧ —

Debo tener presente que estoy construyendo un hogar, no cuidando la casa.

Podemos luchar contra este segundo mito si damos algunos pasos intencionales para definir y abrazar lo que de veras importa en la vida.

Sólo considere esencial lo que en realidad lo es. En su libro *First Things First* [Lo primero es primero], Stephen Covey insta a sus lectores a definir lo que de veras es importante: "Lo primordial es mantener lo primordial... lo que es primordial!" Este autor enfatiza que debemos consagrarnos intencionalmente a lo que es importante. De lo contrario, con toda seguridad nos estaremos consagrando a lo que no lo es.

Necesito mantenerme flexible. El ochenta por ciento de los conflictos familiares lo provoca mi pretensión de ajustarme a mi propio horario.

Las madres de niños preescolares definen su perspectiva cuando deciden lo que de veras es importante en la crianza de los hijos. ¿Qué le importa a usted como madre? ¿Una casa limpia o un corazón limpio? ¿Las costumbres de sus hijos, o sus ideales? ¿Sus actitudes y acciones, o su apariencia? Recuperamos perspectiva cuando definimos en nuestro interior exactamente qué esperamos cumplir en nuestra tarea como madres.

Distribuya su tiempo y su energía de acuerdo con el criterio de "lo esencial". El mito de hacerlo todo correctamente, y hacerlo todo ya, nos lleva a prestar excesiva atención a los detalles remilgados de la vida. Cuando definimos lo que en realidad cuenta, podemos usar esa definición como una vara para medir nuestras actividades. ¿Cómo estamos usando nuestra energía?

Me siento frustrada con mi hijito porque exige demasiada atención de mi parte mientras estoy tratando de preparar la cena, planchar la ropa o cualquier otra cosa. Trato de involucrarlo en otras actividades, pero siente que lo estoy relegando, y entonces decide traerme un poco de arena del patio o treparse y golpear las teclas de la computadora. Antes que pueda advertirlo, estoy sumergida en una lucha de poder con él. Pareciera que considero que tener la cena lista con quince minutos de anticipación fuera más importante que sentarme un rato con él a esa hora en que le cuesta controlar sus impulsos. Es en momentos como estos cuando siento la necesidad de dar un paso atrás y recordar cuáles son las prioridades.

Reconocemos que hay momentos en que es difícil saber si un asunto determinado cabe en la categoría de "lo esencial" o no.

Cuando pienso que está bien pasar el día con ropa informal, usar sólo lápiz labial y nada de maquillaje, y dejar que la casa luzca un poco menos que perfecta mientras yo dedico tiempo a estimular a mis niños y a jugar con ellos (no serán niños para siempre) . . . cuando me convenzo de que no hace falta mostrarme perfecta (abdomen firme, peso anterior al del embarazo, cabello bien peinado), mi esposo regresa a casa y hace algún comentario acerca del desorden, reclama que la cena no esté ya servida, o exclama: "¿Qué hiciste todo el día y qué le pasa a tu cabello?"

Obviamente, necesita conversar y definir los conceptos importantes con su cónyuge; pero aun después de lograrlo quedan puntos que pueden causar conflicto. En esos momentos, pregúntese: "¿Cuánta importancia tendrá esto dentro de cinco años? ¿Qué sucedería si pasara por alto este asunto?" Preguntas como estas nos proveen los parámetros que necesitamos para mantener la perspectiva.

Aquí tenemos un tercer mito respecto a la crianza. ¿Se identifica con éste?

Mito Nº 3: La mejor manera de salir adelante en la maternidad es apretar los dientes y aguantar hasta que la situación mejore

Realidad: Disfrute el presente. Saque el mayor provecho de los momentos irrecuperables de la vida . . . es decir, ahora.

¡Cuánto perdemos del disfrute de ser madres porque ponemos la mira solamente en salir adelante de alguna forma! Seguramente, nos fastidian los consejos bien intencionados de las amables abuelitas con quienes nos cruzamos en los supermercados, que nos dicen (mientras tratamos de mantener bajo control tres niños inquietos): "¡Estos son los mejores días de su vida! ¡Disfrútelos, porque pasan demasiado rápido!"

"Parece muy lento", mascullamos conteniendo la respiración.

Pero esas mujeres sí tienen un punto a favor. Tienen algo que llega con la sabiduría que da la edad. La etapa de crianza de los hijos es una *etapa*. ¡Es sólo en nuestra sensación que parece un siglo! Y es cierto que pasa. No dura para siempre. Algún día habrá terminado.

Cuando aceptamos el mito de que lo mejor que podemos hacer es "apretar los dientes y aguantar", perdemos lo que puede llegar a significar la crianza. Mientras fantaseamos con llegar a la próxima etapa, nos privamos lo bueno que tiene la que está transcurriendo ahora. El mito se destruye decidiendo deliberadamente disfrutar todo lo que puede darnos la vida en los momentos irrecuperables.

He aquí la manera de hacerlo:

Viva el presente. ¡Qué rápido nos movemos del pasado hacia el futuro!

Primero ansiaba terminar la secundaria
y empezar la universidad.
Después me moría de ganas de terminar la universidad
para empezar a trabajar.

Luego ansiaba casarme
y tener hijos.
Y después anhelaba que mis hijos crecieran rápido
para que yo pudiera volver a trabajar.
Y entonces ansiaba jubilarme.
Y ahora,
me estoy muriendo . . .
De pronto advierto que me olvidé de vivir.

Anónimo

¡En este momento, usted es indispensablemente valiosa en la vida de otra persona!

De aquí a un siglo . . . no importará cuál era mi cuenta bancaria, en qué clase de casa vivía, o qué modelo de auto conducía . . . pero el mundo puede haber cambiado porque fui importante en la vida de un niño.

Anónimo

Esta semana, tiene la oportunidad de sentarse en el suelo y construir una torre con bloques. ¡Esta es la temporada en que se la invita a leer, jugar, imaginar, soñar! Su falda es el "lugar favorito donde estar". Su sonrisa vale más que el dinero. Sus palabras significan más que las que se dicen en la televisión, en una revista o en el aula. Saboree los momentos de esta temporada que nunca volverá.

El ayer es historia.
El mañana es misterio.
Hoy es un regalo.
Por eso lo llamamos "Presente".

Anónimo

Tendemos a creer que la vida puede mejorar cuando, en realidad, lo que hace es cambiar. Si la gallina de la vecina pone más huevos que la de usted, quizá sea porque usted no invierte tiempo y energía en cuidar de su propia gallina. Viva el presente.

Disfrute de las cosas pequeñas. Atesore cada vivencia. Como piedras preciosas, son suyas para que las acaricie, las valore, las atesore en su corazón, piense en ellas y las rememore.

> La vida es breve y los años pasan veloces.
> Un niñito crece muy rápido.
> Pronto deja de estar a nuestro lado;
> No nos confía sus preciosos secretos.
> Los libros infantiles se guardan.
> Ya no hay más juegos.
> No más besos antes de dormir.
> No más oraciones para escuchar.
> Todo eso pertenece al ayer.
> Mis manos antes activas ahora reposan.
> Los días son largos y difíciles de llenar.
> Desearía volver atrás y hacer
> Las pequeñas cosas que entonces me pedías.

Anónimo

Un mito más de los que tienden a robarnos la perspectiva correcta sobre la tarea de la maternidad.

Mito Nº 4: La maternidad es tarea seria y a cada momento está en juego la vida de sus hijos

Realidad: No se preocupe demasiado. Los niños son flexibles. Manéjelos con franqueza y humor.

El temor oscurece la perspectiva. A veces nos imaginamos en el escenario de la peor de las posibilidades, en los horrores atroces que sólo tienen alguna remota probabilidad de ocurrir. Entonces nuestros temores alcanzan proporciones exageradas y enturbian nuestra percepción de la realidad.

Nuestros temores se multiplican. "Asegúrese de fregar la tabla de cortar con agua caliente ja-

He oído decir que si no les leo suficiente a mis hijos cuando son pequeños, nunca tendrán el nivel necesario para ingresar a la universidad de su preferencia. ¡También me han dicho que si no cuido de mi bebé cuando tiene fiebre alta, los dientes permanentes le saldrán amarillentos irremediablemente!

bonosa cada vez que la use, porque si no lo hace podría infectar a toda la familia con alguna bacteria de ese pollo crudo que acaba de cortar." "Si deja que su bebé llore, aunque sea apenas cinco minutos, pone en riesgo su capacidad para establecer vínculos; las investigaciones muestran que una disrupción en ese proceso es con frecuencia la causa de comportamiento criminal en la vida adulta."

Si bien la tarea de la crianza de los hijos es crucial, y una buena crianza es sumamente valiosa, es absurdo caer víctima del temor de que arruinará a sus hijos por cualquier minúsculo error que cometa. No acepte ese mito. Reconozca que sus hijos son flexibles.

Honre a sus hijos tratándolos con sinceridad. Cuando cometa un error, aprenda a perdonarse a sí misma y no se aferre a su fracaso. Rehúse empaquetar su culpa y llevarla consigo. Pida disculpas y avance. Cuando su hijo o su hija le haga una pregunta, dígale la verdad. Los hijos no esperan que su madre sea perfecta, a menos que les hayamos enseñado a pretender perfección. Serán respetuosos si admitimos nuestras fallas de manera apropiada.

Trate a sus hijos con humor. En su libro sobre la familia fuerte, el autor Chuck Swindoll nos insta a evitar una actitud pesimista.

> Diga que estoy loco si quiere (no será el primero); pero cada vez estoy más convencido de que nuestras actitudes modelan todo lo que hacemos. No son los hechos ni las así llamadas autoridades que lo hacen. No es algún libro grande y difícil de leer, donde se describe la muerte de la civilización... son nuestras actitudes.[1]

Alégrese y ríase de sí misma. Los niños responden con más frecuencia al toque suave y no a una mano dura. Enséñeles a ellos también a reírse de sí mismos. "¡OPA!" podría ser la contraseña de su casa. Busque algo especial dentro de lo cotidiano y festéjelo. Mantenga una actitud menos seria hacia la maternidad y vea que florece usted misma, ¡y sus hijos con usted!

Cuatro mitos respecto al papel de madre. Si los creemos y aceptamos lo que respaldan, con toda seguridad perderemos la perspectiva correcta. Pero cuando los reemplazamos con conceptos de la realidad, recuperamos el enfoque adecuado.

LA PERSPECTIVA EN LAS DECISIONES

Uno de los aspectos más abrumadores de la tarea de una madre es el desafío de las opciones. ¿Cómo puedo saber si puedo y si

1 Charles R. Swindoll, *The Strong Family* [La familia fuerte], Zondervan, Grand Rapids, MI, 1991, p. 155.

166 Lo que toda madre necesita

debo enfrentar el parto sin medicación? ¿Debo volver a trabajar
después del nacimiento del bebé? ¿Qué enfoque de disciplina será
el más apropiado para mi hijo? ¿Cómo elijo una escuela o una
guardería infantil? ¿Y qué de mí misma? ¿Cómo y cuándo he de
tomar tiempo para mí misma? ¿Qué importa en realidad a largo
plazo?

Mantener la perspectiva confiere la sabiduría necesaria para
hacer esas elecciones cada día. Tener perspectiva es colocar el hoy
entre el ayer y el mañana. Es entender que hoy tiene valor en la
medida en que surge del ayer y le da forma al mañana. El enfoque
apropiado da a las madres de niños pequeños la capacidad de
soportar la rutina y las exigencias del presente, porque sabemos
que estamos preparando a nuestro hijo para el futuro.

Se han usado varias descripciones para explicar el dilema que
enfrentan las madres cuando tienen varias opciones.

¿Cuáles son sus prioridades?

Se dice que resulta más fácil tener la perspectiva adecuada para
tomar decisiones cuando se clarifican las prioridades. Pero el
proceso puede no ser tan claro o tan simple como suena. Si su
prioridad es criar un niño sano, feliz y bien adaptado, renunciará
al trabajo y se quedará en casa para nutrir sus necesidades durante
el desarrollo. Todos los expertos concuerdan en que la madre es la
influencia particular más importante en el desarrollo de un niño.
Cuando se ha definido la prioridad, la elección es sencilla. ¿Verdad?

Posiblemente . . . excepto cuando necesita forzosamente trabajar para poner pan en la mesa. Pocos niños serán felices y adaptados
si no se los alimenta.

También su esposo puede ser una prioridad. Él quiere que usted
pase más tiempo a solas con él. Pero su bebé está enfermo y la
llama sollozando. ¿Qué se supone que haga? ¿Cuál es la principal
prioridad? ¿Qué debe atender primero?

Quizás usted reconozca la necesidad de brindarse descanso y
darse oportunidad de crecer como persona de cuando en cuando,
a fin de estar renovada y ser eficiente como madre. Pero ¿qué hacer
si su pequeño aparece resfriado la primera noche del curso que
usted pensaba tomar o cuando su esposo preferiría comer pastas
caseras en lugar de comida comprada a medio hacer?

Hay ocasiones en que la asignación de prioridades es a la vez fácil y conveniente. Pero hay muchos otros momentos en que no es tan fácil decidir. Las piezas se mueven de un lado a otro como en un calidoscopio, que cambia constantemente mientras uno lo hace girar en la luz. No hay una sola prioridad claramente definible en cada momento, ni hay una escala rígida predeterminada que le permita hacer las elecciones correctas según la primera, segunda y tercera prioridad.

¿Una demostración de equilibrio?

Otro modo de considerar la perspectiva necesaria cuando hay diferentes opciones es compararla con una demostración de malabares. Las elecciones se hacen sobre la base de nuestra pericia con respecto a mantener en movimiento un conjunto de elementos.

Como si estuviese actuando en un circo, una mamá toma un plato y lo hace girar sobre una varilla por encima de su cabeza. Fácil. Pero luego se agrega otro plato de modo que debe hacer girar dos. Un poco más tarde, aparece otro plato, y luego otro y otro, hasta que está haciendo girar cuatro y cinco platos a la vez. Como si eso no fuera suficiente, una nueva responsabilidad la golpea en la pierna y descubre que debe pararse con todo el peso sobre un solo pie. Mirando hacia abajo, advierte que lo que antes había sido su plataforma segura, ahora ha sido reemplazado por un cable delgado suspendido a gran altura del suelo. Con las cejas perladas de sudor, esta mamá lucha por no perder el equilibrio mientras mantiene todos los platos en movimiento. De todos modos, es su única alternativa. Debe hacerlo.

Pero la vida no puede mantenerse prolijamente en equilibrio. Cuando decidió que cada hijo suyo tomaría parte en una sola actividad fuera de casa, sus pequeños resultan seleccionados en un coro de niños y, además, llegan a las finales en el encuentro regional de natación. Necesitamos algo más que equilibrio para mantener la perspectiva adecuada cuando se trata de decidir entre las opciones.

LA PERSPECTIVA ESTACIONAL

Tal vez la manera más perceptiva para entender cómo mantener el enfoque apropiado en la toma de decisiones, es la perspectiva estacional. Según este enfoque, la vida se divide en varias temporadas, cada una de ellas caracterizada por sus prioridades peculiares y su propio criterio para decidir entre las opciones. Considerar el cuadro *completo* de la vida, con todas sus temporadas, nos permite tener mejor perspectiva dentro de cada una de las etapas.

La Biblia describe este enfoque estacional en el libro de Eclesiastés:

> Todo tiene su tiempo,
> y todo lo que se quiere debajo del cielo tiene su hora.
> Tiempo de nacer, y tiempo de morir;
> tiempo de plantar, y tiempo de arrancar lo plantado;
> tiempo de matar, y tiempo de curar;
> tiempo de destruir, y tiempo de edificar;
> tiempo de llorar, y tiempo de reír;
> tiempo de endechar, y tiempo de bailar;
> tiempo de esparcir piedras, y tiempo de juntar piedras;
> tiempo de abrazar, y tiempo de abstenerse de abrazar;
> tiempo de buscar, y tiempo de perder;
> tiempo de guardar, y tiempo de desechar;
> tiempo de romper, y tiempo de coser;
> tiempo de callar, y tiempo de hablar;
> tiempo de amar, y tiempo de aborrecer;
> tiempo de guerra, y tiempo de paz.
>
> Eclesiastés 3:1-8

Tiempo para criar niños pequeños y tiempo para criar niños mayores. Tiempo para abrazar a los bebés y tiempo para dejarlos partir. Tiempo para centrar la atención en nuestros hijos y tiempo para prestar atención a nosotras mismas y a nuestros sueños. Como dijo la mamá de un niño preescolar:

> *Me encanta el otoño. Es mi estación favorita. Sin embargo, me sentía frustrada de que fuera tan breve, hasta que advertí que su belleza es especial porque está enmarcada por el verano y el invierno. Como mamá de un niño preescolar, necesito recordar que cada etapa de la vida tiene su propio encanto; sin embargo, ninguna llega para quedarse. Sólo cuando la vida sigue su curso, podemos apreciar plenamente lo que ya ha pasado.*

La autora Debbie Barr escribe acerca de las elecciones según este enfoque estacional, que ella define como un proceso que permite a las mujeres concentrarse en las tareas principales de la vida en el momento apropiado.

Este proceso significa estrechar la amplitud de nuestras metas a fin de dar prioridad a los hijos mientras son pequeños. Luego, a medida que transcurren las estaciones de la vida, gradualmente nos vamos expandiendo hacia nuevas metas, según la dirección que vayamos recibiendo de Dios. El enfoque estacional nos permite decir "Te quiero" a nuestros hijos de la manera más convincente a cada ciclo: estando con ellos durante la etapa de su vida en que necesitan más atención y cuidado. A medida que transcurren las estaciones de su vida, nosotros también vamos pasando a nuevas temporadas.[1]

Esta comprensión de la vida en su globalidad nos ayuda a prestar más atención al ciclo que en este momento estamos viviendo. Podemos advertir la importancia de invertir en la vida de nuestros hijos ahora, durante la etapa en la que más necesitan de nosotras, con la seguridad de que habrá otras estaciones más adelante. "Ahora no, quizá más tarde", es un recordatorio de que no estamos sacrificándonos para siempre. Y nos recuerda también que la inversión de tiempo que hagamos en nuestros hijos ahora, se pagará con creces más adelante cuando sean más independientes y nos concedan la libertad necesaria para proseguir hacia otras metas.

CÓMO MANTENER LA PERSPECTIVA ADECUADA

Tener perspectiva es la capacidad de estar entre el ayer y el mañana y comprender cómo se ubica el día de hoy en ese cuadro; es reconocer lo que más importa. ¡Cuánto necesitan las madres de niños pequeños mantener la perspectiva adecuada! Necesitamos saber que vale la pena dejar de lado una parte de nosotras por un tiempo. Necesitamos saber que hemos tomado la decisión correcta cuando suspendemos todo para tener en brazos al bebé cuando está enfermo, o cuando pasamos por alto el desorden de la casa para leerles un cuento, o si simplemente estamos presentes en casa como un punto fijo de referencia desde el cual nuestros pequeños pueden salir a explorar.

En su libro *Dios se acercó*, Max Lucado capta esta necesidad de enfoque adecuado cuando usa la metáfora de un grupo de montañistas escalando una alta montaña mientras mantienen la

---

1 Debbie Barr, *A Season at Home* [Una temporada en casa], Zondervan, Grand Rapids, MI, 1993, p. 26.

mirada en la cumbre cubierta de nieve:

En días luminosos la cresta más alta reinaba como un soberano del horizonte. Su punta blanca sobresalía sobre un cielo azul solicitando la admiración y ofreciendo inspiración.

En días así los caminantes adelantaban más. El pico se erguía más alto que ellos como una meta que los impelía. Los ojos eran llamados desde lo alto. Los pasos se tornaban vigorosos. La cooperación era desinteresada . . .

Pero algunos días la cumbre se escondía de la vista. La cubierta de nubes eclipsaba al brillante azul con un cielo raso monótono y gris que obstruía la visión de la cima de la montaña. En días así la subida se tornaba ardua. Los ojos se volvían hacia abajo y los pensamientos hacia adentro. La meta se olvidaba. El estado de ánimo era impaciente. La fatiga era la compañera no invitada. Las quejas punzaban tanto como las espinas en el sendero.

Nosotros somos así también, ¿no es verdad? Mientras que vislumbramos nuestro sueño, mientras que la meta está al alcance de nuestra vista, no hay montaña que no podamos subir ni cúspide que no podamos alcanzar. Pero si nos falta la visión, o si algo estorba la vislumbre del final del sendero, el resultado es tan desalentador como el camino.[1]

¡Así es! En medio del desgaste diario que produce criar a esos pequeñines, las madres necesitan tener presente la perspectiva del futuro.

Pasos Prácticos

PASO PRÁCTICO Nº 1:

No olvide que no puede controlarse la vida

Diseñe su propia "Bolsa del estrés" con emblemas tangibles que le recuerden que debe soltar todo lo que está más allá de su control. He aquí algunas sugerencias:

- *Una "curita"* le recordará que un corazón que sufre será sanado por el amor restaurador de Dios.

- *Un pañuelo de papel* le recordará que puede secar las lágrimas de alguien con una palabra cariñosa, una nota o un abrazo.

---

1 Max Lucado, *Dios se acercó*, Editorial Vida, 1992, p. 124.

- *Un borrador* le recordará que puede borrar la culpa y los rezongos del día.

- *Una tachuela* puede recordarle que no tiene que quedarse de brazos cruzados frente a sus problemas.

- *Una historieta favorita*, alguna tarjeta o un adhesivo pudiera recordarle que puede reírse y que es bueno hacerlo a menudo.

- *Una botella pequeña* le hará tener presente que Dios recoge todas sus lágrimas. Él sabe todo respecto a usted (Salmo 56:8).

- *Una piedra pequeña* le recordará que Dios es su roca.

- *Un clavo* le recordará que Jesús también tuvo que hacer frente a situaciones de mucha presión.[1]

PASO PRÁCTICO Nº 2:

Considere esencial lo que en realidad lo es

Cuando se sienta perpleja y confundida, lea esta reflexión de mucha sabiduría de Bob Benson:

Risa en las paredes

Paso frente a muchas casas de camino a la mía
    algunas bellas,
    otras costosas,
    otras atractivas . . .
Pero mi corazón siempre da un salto
    cuando llego a la esquina
y veo mi propia casa como un nido contra la montaña.
Supongo que estoy especialmente orgulloso de mi casa
    y del aspecto que tiene
    porque yo mismo diseñé los planos.
Al principio era bastante amplia para nosotros;
    hasta tenía un estudio.
Ahora hay dos muchachos adolescentes residiendo allí.
Antes tenía habitación de huéspedes;
    mi hija y nueve muñecas son ahora invitadas permanentes.

---

1 Adaptado de Bárbara Johnson, *Mama, Get the Hammer: There's a Fly on Papa's Head* [Mamá, necesito un martillo: Hay una mosca en la cabeza de papá], Word, Dallas, TX, 1994, p. 42.

Tenía una habitación pequeña
    que mi esposa anhelaba fuera su cuarto de costura.
Dos muchachos traviesos
    la han reclamado como propia.
El aspecto que ahora tiene
    no me da imagen de muy buen arquitecto.
Pero volverá a será grande.
Uno a uno se irán yendo
    a trabajar,
    a estudiar,
    a hacer el servicio militar,
    a sus propias casas.
Entonces habrá más espacio:
    una habitación para huéspedes,
    un estudio,
    y un cuarto de costura sólo para los dos.
No estará vacía.
    Cada rincón
    y cada marca en la mesa
estará cargada de recuerdos.
Recuerdos de paseos al campo,
    de fiestas navideñas,
    de vigilias junto a una cama,
    de veraneos,
    de incendios,
    de inviernos,
    de andar descalzo,
    de salir de vacaciones,
    de gatos y perros,
    de conversaciones,
    de graduaciones y primeras citas,
    de juegos con pelota y bicicletas,
    de salidas en bote,
    de regresar a casa después de las vacaciones,
    de comidas,
    de conejos y mil cosas más
    que nos llenan la vida
    después de haber criado a cinco.
Y Peg y yo nos sentaremos
    serenamente junto al fuego
    y escucharemos
    las risas en las paredes.[1]

PASO PRÁCTICO Nº 3:

Disfrute al máximo de los momentos irrecuperables de la vida

Cada día es especial y nunca va a regresar. Decida ahora mismo que no desperdiciará un solo día.

Un nuevo día

Este es el comienzo de un nuevo día. Dios me lo ha dado para usarlo como yo quiera. Lo puedo desperdiciar o puedo usarlo para bien. Pero lo que haga este día es importante, ¡porque lo estoy pagando con un día de mi vida! Cuando llegue el mañana, este día se habrá ido para siempre, dejando a cambio algo por lo cual he pagado. Quiero salir ganando, y no perdiendo; quiero bien, no mal; éxito, no fracaso. No quiero lamentar lo que he dado por él.[1]

PASO PRÁCTICO Nº 4:

Mantenga una perspectiva renovada

Aquí tiene una sugerencia que le ayudará a valorar a sus hijos en la etapa en la que ahora están. Copie este poema en una hoja de papel y póngalo sobre el refrigerador, junto con la silueta de la palma de la mano de su hijo:

A veces te desalientas
Porque soy pequeño
Y dejo mis huellas digitales
Sobre los muebles y las paredes.
Pero estoy creciendo día a día
Y pronto seré tan alto
Que será difícil recordar
Que yo hice todas esas marcas.
De modo que aquí tienes una especial
Con la silueta de mi mano;
Sólo para que puedas decir
Que así eran mis manos
Cuando las puse allí hoy.

Anónimo

---

1   Dr. Heartsill Wilson, "A New Day" [Un nuevo día], publicación del autor.

PASO PRÁCTICO Nº 5:

Descarte los mitos y vea la realidad

Responda a las siguientes preguntas que le ayudarán a identificar algunos de sus propios mitos y las convicciones realistas respecto a la maternidad:

1. ¿Cuáles son algunas de las expresiones sobre la tarea de ser madre que aparecen en su mente como un disco rayado? (Ejemplo: "Si lo vas a hacer, hazlo bien.") ¿Cuáles vale la pena archivar? ¿Cuáles no?

2. ¿Cuáles son sus mayores temores y preocupaciones como madre?

3. ¿Cuáles son sus mayores frustraciones?

4. De las respuestas a la pregunta anterior, ¿cuáles asuntos puede tener bajo control?

5. ¿Cuáles escapan a su control?

6. ¿Cómo hará para despojarse intencionalmente de aquellas cosas que no puede controlar?

7. ¿Qué más desea para su hijo? ¿Son evidentes sus metas?

8. ¿Qué está haciendo para avanzar hacia esas metas?

9. ¿Cuáles son sus prioridades para esta temporada en la vida?

10. ¿En qué sentido son diferentes de las prioridades que tenía en su vida antes de tener hijos?

11. ¿Cuáles serán sus nuevas prioridades cuando todos sus hijos vayan a la escuela? ¿Y cuando todos se hayan ido del hogar?

12. ¿Qué le gusta más de esta estación de la vida?

13. ¿Qué consejo sobre esta nueva estación de la vida le ofrecería a una madre primeriza?

14. ¿En qué medida sigue usted misma ese consejo?

PASO PRÁCTICO Nº 6:

Encontrar una perspectiva adecuada lleva tiempo

Descubrir lo que en realidad importa en la vida a veces significa tomarse un descanso, perder el tiempo, no hacer nada . . . como describe el siguiente extracto:

> Perdí una hora una mañana,
> junto a un arroyo de montaña.
> Atrapé una nube del cielo,
> y diseñé mi propio sueño.
> En la quietud del atardecer, lejos de la gente,
> perdí una noche de verano.
> Y volví a diseñar mi propio sueño.
> ¿Perdí? Quizás.
> Eso dicen los que nunca
> Han caminado con Dios
> Cuando las cercas están cubiertas de lilas color
> púrpura
> O cuando están doradas de botones de oro.
> He hallado fuerzas para realizar mis labores
> En esa breve hora vespertina.
> He hallado gozo y quietud;
> He encontrado paz y poder.
> Mis sueños me han dejado un tesoro,
> Una esperanza que es fuerte y real.
> En esas horas perdidas
> He construido mi vida,
> Y he renovado mi fe.

Anónimo

PASO PRÁCTICO Nº 7:

Confíe en Dios

Recuerde esta promesa: "Yo sé los pensamientos que tengo acerca de vosotros, dice Jehová, pensamientos de paz, y no de mal, para daros el fin que esperáis" (Jeremías 29:11).

Máxima para las madres

Ubíquese hoy en el panorama más amplio de la vida.

Esperanza:

A veces me pregunto si la vida ofrece algo más

Empujó la puerta corrediza y ésta golpeó contra el marco, haciendo vibrar el cristal. Sintió el aire pesado y húmedo que le mojaba el rostro. No le importó. Dio un paso hacia afuera y deslizó la puerta para que se cerrara detrás de ella. No sirvió de nada. Samuel y Elisa corrieron hasta allí, aplastando sus caritas contra el cristal y creando con su aliento cálido círculos de vapor sobre la superficie del panel.

— ¡Mamita! ¡Entra ahora mismo! — aulló Samuel.

Elisa levantó su manta, mientras hacía pucheros y comenzaba a llorar.

Carla abrió la puerta unos centímetros, metió la mano e hizo correr la cortina. El cortinado se desplazó torpemente, cubriendo la ventana. Carla cerró la puerta una vez más y la retuvo cerrada, dejándose caer con la espalda apoyada contra el cristal, mientras abrazaba sus rodillas.

Ahora los niños se metieron bajo las cortinas para buscarla una vez más, formando bultos disparejos con sus cabecitas bajo el paño de tela. Los cabellos cargados de estática se adherían al tejido.

— ¡MAMITA!

— ¡Samuel y Elisa . . . DÉJENME SOLA! — exclamó Carla en un alarido.

Los niños quedaron estupefactos contemplando a su madre, habitualmente tan controlada. Los sollozos de Elisa se transformaron en intenso llanto. Samuel adoptó una postura piadosa y puso el brazo alrededor de su hermanita, mientras la retiraba de debajo de las cortinas.

Carla dejó escapar un largo e intenso suspiro. Contempló su propio reflejo en la superficie plana de la puerta del patio. Las arrugas en su frente. Las ojeras debajo de los ojos. El cabello estirado y atado en forma descuidada. La transpiración que delataba sin remedio esos cinco kilos adicionales, siempre presentes. Igual que sus niños: siempre allí, aun en los momentos en que ella quisiera que no estuviesen.

Dejó de mirarse y se sentó en el escalón superior, apoyando la espalda contra la puerta. Contempló el pequeño jardín, todo desordenado con los juguetes para la arena de los niños. Los niños habían estado cavando en el lugar donde el césped se estaba volviendo mera tierra. El "patio" no era más que una simple superficie de cemento, de cuatro por cinco metros, nada más. Había rajaduras en el cemento que se extendían hasta el borde del "césped". Levantando la vista al cielo, vio más gris. Gris, gris, gris. El cielo. El patio. Su ánimo.

Eran apenas las tres de la tarde; pero había estado en pie desde las cinco de la mañana. Había ido a hacer las compras y había llevado a los niños al parque. Había cocinado. Luego les había leído y los había puesto en cama para que hicieran una siesta. Pero no se dormían. Finalmente, Carla se dio por vencida y se quedó frente al televisor, deseando sólo un poco de descanso. Fue en ese momento que los niños aparecieron con sus rompecabezas y sus libros, y empezaron a pedirle con llantitos que les pusiera una película en el video. Fue demasiado.

— No puedo hacer esto — prorrumpió Carla.

Estoy agotada. Estoy enojada. No me queda energía — pensó en su interior —. *¡No imaginaba que criar hijos sería algo semejante! Pensé que acunaría a mis bebés en tibias mantas. Siempre olerían bien y me devolverían una sonrisa. Supuse que en algún momento de la vida dormirían, y que yo haría algunas de las cosas que quisiera hacer. Nunca soñé siquiera que me resultaría tan agobiante atender a mis niños, y que sólo desearía que me dejasen sola.*

Su monólogo silencioso terminó. Simplemente, se quedó sentada, mirando al vacío.

Luego sintió un golpe contra su espalda a través del cristal. Samuel estaba arrastrando sus juguetes hacia las cortinas, procurando llamar la atención de su mamá. Carla sintió que su pecho se ponía tenso. La cabeza parecía pesada.

— *De veras, no puedo hacerlo* — se repitió a sí misma —. *No puedo volver allí adentro.*

Levantando los ojos al cielo, preguntó en voz alta:

— ¿Me queda alguna esperanza?

SITUACIONES DESESPERANTES

¿Se ha sentido alguna vez igual que esta mamá? Su esposo acaba de perder el trabajo, y usted no sabe si lograrán pagar las facturas. Su mamá tiene cáncer y la necesita; pero usted tiene tres pequeños que también la necesitan. Está embarazada una vez más y se pregunta francamente si podrá mantener . . . amar . . . atender a un niño más. Su matrimonio está como manchado y avejentado. Su mejor amiga se muda lejos, muy lejos, y usted no sabe cómo se las arreglará sin ella. Su vecindario está plagado de delincuencia, ya no es seguro ir a pie a hacer las compras. La casa está en un desorden total. No sólo hay cosas inútiles por todos lados; pero la pintura se está descascarando, el drenaje de la bañera está obstruido y la alfombra de la sala está toda manchada. Sus hijos no han resultado como usted los imaginaba. A uno de ellos le han diagnosticado un problema que usted no entiende, y el otro parece una criatura incontrolable.

Siente que ya no puede más. Es demasiado. La vida no está resultando como la había imaginado, y ya no queda mucho de usted misma como para enfrentar la situación.

ESPERANZA MAL DIRIGIDA

Usted busca esperanza en cualquier sitio donde piensa que podría hallarla. Si tan sólo pudiera modificar sus circunstancias, al menos durante un tiempo . . . *¡Unas vacaciones! ¡Eso es lo que necesito!*, se dice a sí misma. De modo que hace los planes, se acomoda con su esposo y sus hijos, y dos bolsas llenas de juguetes para mantenerlos entretenidos, en un auto destartalado, conduce toda la noche y la mitad del día siguiente, y llega exhausta al hotel. La habitación no da a ese paisaje montañoso de ensueño que mostraba el folleto publicitario. Mira hacia una playa de estacionamiento. Los niños quieren salir y usted quiere dormir. Llueve tres días seguidos. El más pequeño se enferma. Y el sol aparece el día que están por marcharse.

Luego prueba con la actitud de optimismo. Ha leído un artículo en una revista acerca de cómo el pensamiento positivo puede ayudarla a ser más feliz y más saludable. Los sentimientos pesimistas de impotencia y desesperación dañan el sistema de inmunidad natural del organismo, dice el autor del artículo. Por el contrario, el optimismo nos protege de la enfermedad. Se despierta de mañana y se dice a sí misma que se verá brillante. Pero hacia las nueve de la mañana ya tuvo que recoger la suciedad del perro sobre la alfombra, limpiar la leche derramada dentro de la nevera, y renegar con la batería descompuesta del vehículo. *¿Dónde* quedó lo brillante?

¡Ah, las personas! Sin duda puede contar con otra persona que le brinde esperanza. Quizá su esposo. Entre todas las diligencias que tiene que hacer, y sacrificando la hora preciosa de la siesta, se las arregla para probar una receta nueva, tender una mesa romántica y acostar temprano a los niños para estar a solas con él. Pero él quiere ver un partido por televisión. Entonces decide llamar a su mejor amiga, concerta una cita para almorzar en algún restaurante y consigue alguien que cuide a los niños. Pero su amiga se enferma con gripe. Y usted termina trayendo los niños de su amiga a su casa, para que ella pueda dormir un poco.

Ahora bien, una prueba más. Esta vez por el lado de la espiritualidad. Escucha una charla por televisión en la que le dicen que si busca lo bueno en su interior, encontrará la confianza, el consuelo y la fortaleza que su corazón anhela. De modo que proyecta su mirada hacia sí misma. Pero lo único que encuentra es un error tras otro. Su propia inadecuación. Equivocaciones. Temores. Inseguridades. ¿De *qué* cosas buenas están hablando?

Eso es lo peor. No hay cómo resolver esa sensación de vacío y tampoco le quedan opciones para encubrirlo. De pronto advierte que ya no le queda nada más. No puede salir adelante sola, y se pregunta si hay algo que justifique mantener la esperanza.

SUEÑOS ELEVADOS

Esto es lo más difícil de la vida. Todos arribamos allí en algún momento. Duele. Se llama "el límite de nuestro propio ser".

Pero sí hay Alguien que entiende. Él sabe que lo que usted quiere y necesita no lo encontrará en una vacación, ni en el pensamiento positivo ni en el intento de explorar en su propio interior. Él sabe que usted misma no puede responder a esa necesidad profunda. Sabe que está exhausta. Sabe que está vacía. Sabe que ya no puede más.

¿Cómo lo sabe? Sencillamente, porque Él es Dios. Y lo entiende porque Él mismo vivió la situación que usted está atravesando. Dios envió a su Hijo Jesús a caminar en esta tierra. Comió, durmió . . . y pasó noches *sin* dormir. Soportó la pobreza, la enfermedad, el rechazo, los castigos corporales, la sentencia arbitraria; y se sintió extenuado. Él conoce sus luchas.

Él quiere ayudarla. Para hacerlo, quiere establecer una relación personal con usted. Como verá, la esperanza nace en el marco de una relación. Es en el vínculo con Jesús donde sus necesidades pueden ser satisfechas de manera completa y permanente.

¿Recuerda cuando miró dentro de su ser para encontrar lo "bueno", y en cambio se encontró con todos esos rincones oscuros? Eso ocurre porque si bien hay aspectos reconociblemente buenos en cada persona, nadie alcanza la perfección. A veces le gritamos a nuestros hijos. Somos egoístas con nuestro tiempo. Discutimos con nuestro cónyuge. Sentimos envidia de nuestros vecinos. Guardamos rencor, perdemos la paciencia y puede suceder que hasta odiemos a algunas personas.

Esa condición humana tiene un nombre. La Biblia lo llama *pecado*. El pecado nos separa de Dios porque Él es santo y perfecto y no puede morar en presencia del pecado. ¿En qué estado nos coloca eso? Nos deja alienadas justamente de la Fuente que podría darnos ayuda.

¡Buenas noticias! Dios la ama. Decidió hacerse cargo Él mismo de este problema del pecado, permitiendo que su Hijo, Jesucristo, muriera en la cruz. Su muerte paga por nuestros pecados y hace posible el perdón de todas las manchas de pecado que hay en nosotras . . . de una vez y para siempre. Aunque no lo merezcamos. Eso se llama *gracia*. Seguramente escuchó alguna vez el antiguo himno: "Maravillosa Gracia". Pues bien, el perdón de Dios *es* maravilloso, asombroso. No lo merecemos. Pero podemos recibirlo si lo deseamos.

¿Lo desea usted? ¿Quiere conocer el amor de Dios?

Quizás aun tiene preguntas. No importa. Hay muchas personas que pueden ayudarle a encontrar respuesta a sus preguntas: consejeros, pastores, clérigos, amigos. Hay libros que pueden explicarle la maravilla de una relación personal con Jesucristo. Fíjese en las lecturas recomendadas en la sección de "Pasos prácticos" al final de este capítulo. O tome la Biblia y simplemente empiece a leer, por ejemplo, en el Evangelio según Juan o en el Evangelio según

Marcos. Allí descubrirá mucho más acerca de Jesús.

Es probable que no comprenda todo. No se preocupe. No necesita entenderlo todo. ¿Necesita entender la electricidad para usarla? Sólo tiene que enchufar algo o mover una perilla. La relación con Jesucristo comienza cuando entrega lo que conoce de sí misma, y sus necesidades, a lo que conoce de la persona de Jesús.

¿Cómo iniciar esta relación que le brindará la esperanza que su corazón anhela? Es fácil. Sólo tiene que pedírsela a Dios. ¿Recuerda ese vacío en su interior? Ese es el camino que la conduce hacia Jesús. Mientras siga pensando que puede hacerse cargo de todo por sí misma, que todo lo bueno está dentro de usted, y que puede satisfacer sus propias necesidades, no estará en condiciones de recibir la ayuda que Jesús tiene para ofrecerle. Pero cuando reconoce que no puede colmar sus necesidades, que hay un enorme abismo en su corazón y que nada parece llenarlo, entonces sí puede volverse a Jesús y pedirle ayuda.

Un niñito estaba esforzándose para mover su camión, cargado con todas sus preciosas posesiones. Su padre contemplaba la lucha desde la galería.

Transpirando y resoplando, el niño exclamó, dirigiéndose a su papá:

— ¡No puedo mover esta cosa!

— ¿Ya probaste todo lo que podías probar?

— ¡Sí! — suspiró el fatigado muchachito.

— No, no has probado todo — le respondió su papá —. Todavía no me has pedido ayuda.

En el Evangelio según Mateo, encontramos palabras de Jesús, que son un consuelo para toda madre de niños pequeños: "Venid a mí todos los que estáis trabajados y cargados, y yo os haré descansar" (Mateo 11:28). A usted Jesús le dice esas palabras. Puede iniciar con Él una relación llena de esperanza. Todo lo que tiene que hacer es pedírselo.

Haga esta sencilla plegaria:

Amado Jesucristo:
Me siento vacía. Cuando miro dentro de mí, veo los sitios sucios que ahora reconozco como pecado. Ese pecado me impide tener una relación contigo. Necesito tu ayuda. Creo que moriste en la cruz por mí y por mis pecados. Te pido que perdones mis pecados. Quiero confiar en ti como Salvador, y quiero conocerte como mi Señor. Te ruego que entres en mi vida y me hagas una nueva criatura. Amén.

Si pronunció esa plegaria a medida que la leía, ¡puede estar segura de que a partir de hoy tiene una nueva razón para tener esperanza! Quizá no se sienta tan diferente de inmediato, pero puede empezar a vivir con la certeza de que Jesús la ama y de que Él la ayudará, día a día. Ya no tiene que vivir sola en esta vida, dependiendo sólo de sí misma y de sus capacidades. En realidad, fue designado que llevemos la vida en comunión con Jesucristo, apoyándonos en Él en toda circunstancia, nutriéndonos en su fortaleza, dependiendo de su sabiduría.

ESPERANZA PARA TODAS NUESTRAS NECESIDADES

Al repasar este libro, capítulo a capítulo, considerando cada una de las necesidades analizadas a la luz de la relación con Jesucristo, podemos percibir que Él puede ser como los rayos del sol que atraviesan las nubes en un día nublado. Consideremos alguna de las cosas que hemos aprendido, una por una.

Significado: A veces me pregunto si criar hijos en realidad importa

Sí que importa. Dedicamos más de veinte páginas a explicar por qué es de veras importante. Agregue a todo aquello la certeza de que todo lo que "hacemos" es insuficiente para alcanzar ese significado permanente que anhelamos en la vida. Sólo Dios provee el máximo significado a la existencia. De pronto reconocemos que lo que hacemos en realidad no define quiénes somos ni puede enclaustrarnos. Repentinamente, somos libres para ser mejores madres, porque nuestro valor, al fin del día, no depende de nuestro desempeño como madres.

Identidad: A veces no sé muy bien quién soy

Dios nos hizo. Él creó a cada una de nosotras. Somos valiosas para Él. Cuando aprendemos a mirarnos tal como Dios nos ve, como seres perdonados y libres de culpa del pecado, podemos depositar las cargas de culpa por no ser lo bastante buenas y así llegar a ser todo lo que Él se propuso cuando nos creó.

Crecimiento: A veces anhelo cultivar mi personalidad

Dios puso aptitudes peculiares en cada mujer. Esa potencialidad puede ser desarrollada en plenitud y realizada completamente sólo en el marco de nuestra relación con Él. Descubrimos que el cambio y el crecimiento se hacen posibles en la medida en que Él nos transforma.

Intimidad: A veces anhelo ser comprendida

Por mucho que lo deseemos, no siempre podemos contar con otras personas. En algún momento nos van a defraudar. Nadie es perfecto. Quizás hieran nuestros sentimientos o nos fallen. Sólo Dios es perfecto. Sólo el amor de Dios es puro e incondicional. En la relación con Jesucristo encontramos la intimidad y la comprensión que necesitamos. Él nos conoce mejor que nadie y nos ama más que cualquier persona pueda amarnos.

Instrucción: A veces no sé qué hacer

En la Biblia encontraremos muchas pautas prácticas y declaraciones respecto a cómo debemos vivir. También en el mundo vamos a encontrar verdades que pueden orientarnos; pero toda verdad auténtica proviene de Dios. Esta verdad es la que nos ayuda a tomar las decisiones correctas.

Ayuda: A veces necesito compartir la carga

No estaba en el plan de Dios que criáramos a nuestros hijos sin ayuda. Cuando admitimos que necesitamos ayuda, Dios puede brindárnosla. Quiere que aprendamos a confiar en que Él estará al mando en las cosas que escapan a nuestro control.

Recreación: A veces necesito descanso

La recreación es propiamente re-creación. Dios nos creó con la necesidad del descanso. También hace de nosotras una nueva criatura, cuando entramos en relación con Jesucristo. Cada día es un nuevo comienzo cuando lo iniciamos con Él. Dios nos renueva en forma continua, a medida que lo buscamos.

Perspectiva: A veces pierdo la perspectiva

Tener la perspectiva adecuada es desarrollar la vida desde el punto de vista de Dios. Cuando aprendemos a ver la vida como Él la ve, a valorar lo que Él valora, a evaluar las decisiones y los asuntos de cada día en términos de lo que tiene significado eterno, adquirimos una perspectiva totalmente nueva.

La verdadera esperanza implica volver a la Fuente que satisface todas nuestras necesidades.

UNA RELACIÓN QUE TRAE ESPERANZA

Iniciar una relación con Jesucristo no significa que todos nuestros problemas simplemente van a desvanecerse. No resultamos repentinamente perfectas. No, de ninguna manera. Comenzar una relación con Jesucristo es exactamente eso: *un comienzo.* A Dios le llevará tiempo transformarla. Poco a poco aprenderá a confiar en Él en más y más aspectos, en la medida en que lo vaya conociendo cada vez más.

Como en todas las relaciones personales, su relación con Jesucristo irá creciendo y desarrollándose a medida que le dedique tiempo. En la medida en que usted se entregue a la relación, obtendrá los beneficios. A medida que aprenda, crecerá. ¡Recuerde que esta relación le brinda la posibilidad de tener relación con el Dios del universo! Jesús murió por nuestros pecados y Dios lo resucitó de entre los muertos. Por lo tanto, Él vive y está dispuesto a obrar en nuestra vida.

Reconozco ahora que mi gran necesidad siempre ha sido de Dios. La maternidad es demasiado difícil para enfrentarla sola. Me sentí tan abrumada cuando nació mi segundo hijo que pensé que no saldría adelante. Recuerdo que estuve sentada en las escalinatas de nuestra casa, con el bebé en brazos, mientras el de un año andaba "por ahí". Mi grito de angustia fue que no podía más. Poco después acepté a Cristo. Ahora Él lo hace y yo ayudo.

Dos prácticas son vitales para crecer en su relación con Jesucristo.

Hablar

Como en todas las relaciones, la comunicación es esencial para crecer en el conocimiento mutuo. Para llegar a conocer mejor a Dios, es preciso que hablemos con Él.

Hablar con Dios no necesita ser una cuestión complicada ni demasiado formal. La oración es sencillamente una conversación con Dios. Es hablar con Él y expresarle lo que pensamos y sentimos. En su libro sobre la oración, Richard Foster describe cómo hablar con Dios: "La oración sencilla implica que personas comunes presentan sus preocupaciones cotidianas a un Padre amoroso y compasivo."[1] La oración debe ser una práctica constante. Foster ofrece ejemplos de esta clase de conversación continua con Dios: "A veces se le llama a esta plegaria sencilla la 'Oración para volver a empezar'. Cometemos errores, pecamos, caemos; pero en cada ocasión, nos levantamos y comenzamos otra vez. Oramos nuevamente. Procuramos seguir otra vez a Dios. Y una vez más, sufrimos derrota. No se aflija. Confesamos y empezamos otra vez . . . y otra vez . . . y otra vez . . ."[2]

Dedique un tiempo cada día para hablar con Dios. Podría ser apenas abra los ojos por la mañana y aun antes de salir de la cama. Quizá mientras acune al bebé para hacerlo dormir, a la siesta o por la noche. Aproveche los primeros cinco minutos apenas se han dormido los niños a la hora de la siesta. Pero no se contente hasta encontrar el mejor momento en que pueda, día a día, encontrarse a solas con Dios.

Además de lograr esta disciplina en la oración, intente hablar con su Señor durante la actividad cotidiana. Mientras lava los platos, saca los residuos o se dirige al mercado. Dios está siempre presente y accesible. No necesitamos conseguir audiencia para obtener su atención. Cuando no sepa cómo proceder frente a los caprichos de su hijo, convérselo con Dios. No tiene por qué guardar dentro suyo todas las preguntas. Si mantiene una relación íntima con Jesús, Él está presto y ansioso de escuchar y ayudar.

Escuchar

Tan importante como hablar con Dios es escuchar lo que Él dice. Por cierto, Dios no acostumbra comunicarse con la gente en palabras audibles. Pero sí nos hace conocer su pensamiento por medio de su Espíritu Santo. A veces, le hablará mientras está leyendo la Biblia (su Palabra). Y otras, le hablará por medio de relaciones con otras personas que también lo conocen (los cristianos).

Cuando ore, deténgase lo suficiente como para "escuchar". Dios podría tener algo para decirle en respuesta a su plegaria. A veces simplemente no recibimos lo que necesitamos porque no llegamos a estar lo bastante quietas como para escuchar lo que Dios está tratando de decirnos. Pero a medida que practicamos el arte

---

1 Richard Foster, *Prayer: Finding the Heart's True Home*, Garborg's, Bloomington, MN, 1993, 11 de enero.
2 Ibid., 10 de enero.

de escuchar, aprenderemos a percibir sus susurros con mayor frecuencia.

Busque una traducción de la Biblia que sea fácil de leer y comprender. La *Versión Popular "Dios Habla Hoy"* o la *Nueva Versión Internacional* son buenas traducciones. También algunas paráfrasis, como *La Biblia al Día*, son de mucha ayuda cuando comenzamos a leer la Palabra de Dios. Comience con los Salmos o con un Evangelio (Mateo, Marcos, Lucas o Juan) o un libro breve del Nuevo Testamento, como Gálatas o Efesios, y siga luego con otros libros. Puesto que la Biblia es la Palabra de Dios, es el principal recurso con que contamos para conocerlo. No la descuide.

También podemos escuchar a otros que conocen a Dios. Cuando les contamos nuestras preocupaciones e inquietudes a los que ya han tenido comunión con Dios por un tiempo más prolongado, encontramos fortaleza y ayuda. Dios ayudará a los que le pertenecen para que, a su vez, la ayuden a usted. Antes que pueda darse cuenta, ¡también estará usándola a usted para ayudar a otros! De eso se trata la iglesia. Visite una en su zona. Averigüe cuál es su doctrina y si coincide o no con lo que lee en la Biblia. Asista a los cultos y considere la posibilidad de hacerse miembro.

Con todo, pronto se dará cuenta de que la palabra "iglesia" significa mucho más que un edificio. Dios quiso que los que le pertenecen mantuvieran comunión entre sí, estudiaran la Biblia juntos, adoraran juntos, aprendieran a depender unos de otros, llevaran el evangelio a otras personas . . . todo esto, juntos. Eso es lo que llamamos "comunidad". En medio de un ambiente de amor y compañerismo, podemos encontrar el sentido de familia que quizás no tuvimos en nuestra propia familia. En la comunidad de hermanos cristianos, crecemos en nuestra relación con Dios y con otras personas. La Biblia enseña que debemos estar en una auténtica comunidad cristiana para llegar a ser la persona que Dios quiere que seamos. Propóngase encontrar una iglesia que pueda ser su hogar espiritual. Súmese a un grupo de estudio de la Biblia, un grupo de personas que se reúna para estudiar la Palabra de Dios. Participe en servir a otros y responder a sus necesidades. Hable con su esposo y con sus hijos acerca de lo que está aprendiendo acerca del Señor.

Su relación con Dios es un vínculo entre dos seres vivos. Usted va a crecer y cambiar y alcanzar más profundidad en la medida en que se dedique a esta relación. Puede estar segura de que verá transformación en sí misma y cambios en su relación con otras personas. Jesús nos ama demasiado como para dejarnos donde estamos. Descubrirá que tiene que disculparse después de cometer un error, en lugar de pasar por alto la ofensa. Quizás aprenda que necesita tener más paciencia o humildad. Hasta podría encontrar que hay varios aspectos de su vida que Jesús quiere tocar y sanar. Tal vez Él quiera que usted se arriesgue, que se aventure en un campo que no ha probado antes, en un sitio en el que nunca ha estado. Pero aun el deseo de realizar esos cambios viene de Dios y Él nos ayuda a cumplirlos. Esa es una de sus promesas.

¿Hay esperanza para usted? Sin lugar a dudas. Confíe en Jesús. Él sabe lo que usted necesita y puede satisfacer esas necesidades mejor de lo que usted puede hacer por sí misma.

En el libro de Isaías, el profeta da ánimo a su pueblo usando la metáfora de un pastor para describir el tierno cuidado de Dios hacia su pueblo Israel. Las palabras de Dios en ese libro del Antiguo Testamento, escrito hace unos cuatro mil años, son apropiadas hoy para cada mamá con niños pequeños: "Como pastor apacentará su rebaño; en su brazo llevará los corderos, y en su seno los llevará; pastoreará suavemente a las recién paridas" (Isaías 40:11).

Pasos Prácticos

PASO PRÁCTICO Nº 1:

Palabras que inspiran y facilitan la comprensión

Aquí hay algunas citas que expresan nuestra necesidad de Dios y de una relación con Él por medio de su Hijo Jesucristo:

Nos hiciste para ti mismo, oh Dios, y nuestro corazón no halla reposo hasta que descanse en ti.

– *Confesiones de San Agustín*

El ser humano busca en vano, sin encontrar nada que lo satisfaga, y comprueba que el vacío infinito que siente sólo puede ser llenado por Aquel que es infinito e inmutable. En otras palabras, ese vacío sólo puede ser llenado por Dios mismo.

– *Blas Pascal*

Aunque el alma rara vez se da cuenta de ello, sea creyente o no, la soledad que sufre es, en realidad, nostalgia de Dios.

– Hubert Van Zeller

Nuestro problema no consiste tanto en que Dios no nos haya dado lo que necesitamos, sino que no sabemos exactamente qué es lo debiéramos esperar . . . La esperanza no es lo que usted espera.

– Max Lucado, en Dios se acercó

Después que yo mismo llegué a ser padre, pude aprehender mejor el concepto del amor de Dios. A medida que experimenté los triunfos y los traumas de la crianza, y descubrí que seguía amando a mi hijo. Entonces empecé a comprender la capacidad de Dios para amarme a mí *en forma incondicional*.

– Charles Swindoll[1]

PASO PRÁCTICO Nº 2:

Comience una relación personal con Jesucristo

Muchas personas tratan de llenar el vacío interior, que tiene la forma de Dios, con placer, prosperidad, poder . . . cualquier cosa menos Dios. A pesar de sus intentos el vacío sigue igual. ¿Por qué? Porque las cosas finitas nunca pueden llenar el vacío de lo infinito. La búsqueda de realización en la vida debe comenzar con Dios.

¿Sabía usted que hay un Dios que la está buscando?

La posición de Dios

1. El Dios que busca es un Dios de amor. Su deseo es establecer con nosotros una relación de amor.

Porque de tal manera amó Dios al mundo, que ha dado a su Hijo unigénito, para que todo aquel que en él cree, no se pierda, mas tenga vida eterna.

Juan 3:16

2. Sin embargo, el Dios que nos está buscando es también un Dios de perfección. Su absoluta perfección moral establece las

---

1 Mayo Mather, "What My Children Have Taught Me" [Lo que me enseñaron mis hijos], en *Today's Christian Woman*, noviembre y diciembre de 1994, p. 90.

pautas sobre las que debe basarse esa relación.

Sed, pues, vosotros perfectos, como vuestro Padre
que está en los cielos es perfecto.

Mateo 5:48

Nuestra condición

Las personas que buscan a Dios deben percibir tres cosas:
1. Que no alcanzan el nivel de perfección que Dios espera.

Por cuanto todos pecaron, y están destituidos de la
gloria de Dios.

Romanos 3:23

2. Que les corresponde la sentencia de sufrir separación eterna
de Dios.

Porque la paga del pecado es muerte, mas la dádiva
de Dios es vida eterna en Cristo Jesús Señor nuestro.

Romanos 6:23

3. Que son incapaces de disfrutar del amor de Dios.

Pero vuestras iniquidades han hecho división entre
vosotros y vuestro Dios, y vuestros pecados han hecho
ocultar de vosotros su rostro para no oír.

Isaías 59:2

La provisión de Dios

Dios, en la persona de Jesucristo, tomó la iniciativa de buscar-
nos.
1. Dios sustituyó nuestra imperfección con la perfección de
Cristo mediante su muerte, su sepultura y su resurrección.

Porque también Cristo padeció una sola vez por los
pecados, el justo por los injustos, para llevarnos a
Dios, siendo a la verdad muerto en la carne, pero
vivificado en espíritu.

1 Pedro 3:18

2. Por medio de Jesús, Dios satisfizo a la vez su amor y su

perfección, y de esa manera hizo posible nuestra relación con Él.

En esto consiste el amor: no en que nosotros hayamos amado a Dios, sino en que él nos amó a nosotros, y envió a su Hijo en propiciación por nuestros pecados.

1 Juan 4:10

Nuestra decisión

La búsqueda de Dios culmina en nuestra decisión: aceptar o rechazar la paga perfecta que Cristo hizo por nuestros pecados.

1. Aceptar el don de Dios implica admitir la verdad concerniente a una misma. Hay que reconocer que no se ha satisfecho el nivel de expectativa de Dios y que estamos separadas de Él.

Porque la paga del pecado es muerte, mas la dádiva de Dios es vida eterna en Cristo Jesús Señor nuestro.

Romanos 6:23

2. Aceptar el don de Dios requiere transferir a Jesucristo la confianza que depositamos en nosotras mismas.

Mas a todos los que le recibieron, a los que creen en su nombre, les dio potestad de hacerse hijos de Dios.

Juan 1:12

Ahora podemos tener una relación personal con Dios.[1]

PASO PRÁCTICO Nº 3:

Construya un depósito de esperanza para los corazones que la necesitan

Porque Él vive

Dios nos envió a su Hijo Cristo,
Él es amor, paz y perdón.
Vivió y murió por mis pecados,
Vacía está la tumba porque Él triunfó.

---

1 "The Search" [La búsqueda]. Usado con permiso de *Search Ministries*, 5030 Dorsey Hall Dr., Ellicott City, MD 21042.

Porque Él vive triunfaré mañana.
Porque Él vive ya no hay temor,
Porque yo sé que el futuro es suyo
La vida vale sólo porque Él triunfó.

Dulce es tener a un tierno niño.
Tocar su piel gozo nos da.
Pero es mayor la dulce calma
Que Cristo el Rey me puede dar
    porque Él triunfó.

Yo sé que un día el río cruzaré,
Con el dolor batallaré.
Al ver la vida venciendo invicta
Veré gloriosas luces y veré al rey.[1]

De la Biblia:

La esperanza que demora es tormento del corazón;
pero árbol de vida es el deseo cumplido.

Proverbios 13:12

Es, pues, la fe la certeza de lo que se espera, la
convicción de lo que no se ve.

Hebreos 11:1

Mi Dios, pues, suplirá todo lo que os falta conforme
a sus riquezas en gloria en Cristo Jesús.

Filipenses 4:19

Por lo cual estoy seguro de que ni la muerte, ni la
vida, ni ángeles, ni principados, ni potestades, ni lo
presente, ni lo por venir, ni lo alto, ni lo profundo, ni
ninguna otra cosa creada nos podrá separar del amor
de Dios, que es en Cristo Jesús Señor nuestro.

Romanos 8:38-39

---

1 Letra de William J. y Gloria Gaither. Música de William J. Gaither. Copyrigt 1971 de
William J. Gaither. Todos los derechos reservados. Usado con permiso.

PASO PRÁCTICO Nº 4:

Descarte las piedras de tropiezo para la fe

Muchas veces tropezamos con obstáculos o barreras que nos impiden abrazar la fe en Dios.

La barrera emocional: Es un conjunto de sentimientos negativos que surgen de las malas experiencias que hemos tenido con creyentes o con alguna iglesia. Estamos frente a una barrera de esta naturaleza cuando rechazamos a Cristo porque alguna vez nos hemos sentido defraudadas o porque nos hemos sentido acorraladas. Nos llega a parecer que todos los creyentes en Cristo son hipócritas.

La barrera intelectual: Es la tendencia a no hacer caso a Cristo sobre la base de información errada o por prejuicios. Tenemos una barrera intelectual, por ejemplo, cuando rechazamos a Cristo porque damos por sentado que la Biblia está llena de errores, o porque en realidad no podemos entender cómo un Dios amoroso puede permitir el sufrimiento en el mundo.

La barrera de la voluntad: Es la inclinación natural a evitar el examen de los asuntos espirituales, o a rechazar a Cristo a raíz de una actitud de autonomía, soberbia u obstinación. La Biblia dice que esta autonomía está enraizada en nuestra naturaleza pecaminosa. Enfrentamos una barrera de la voluntad cuando nos negamos a examinar la evidencia del cristianismo porque tememos tener que renunciar a algo. Tal vez vemos actuar esta barrera en una amiga que reconoce la veracidad del cristianismo pero que no quiere dar el paso de aceptar a Cristo.[1]

PASO PRÁCTICO Nº 5:

Aprenda acerca de la fe

La fe . . .

. . . no es un salto en la oscuridad ni una experiencia mística ni un encuentro incierto con alguien, sino confianza en Aquel que se ha hecho comprensible en una Persona: Cristo, y en un registro histórico: la Biblia. Tengamos presente que en el reino de Dios todo se basa en promesas, no en sentimientos.

. . . es confianza en la fidelidad de Dios hacia mí en un mundo

---

1 "Heart for the Harvest" (1991). Usado con permiso de *Search Ministries*, 5030 Dorsey Hall Dr., Ellicott City, MD 21042.

incierto, en un rumbo sin mapas, en un futuro desconocido.

. . . es dependencia en la certidumbre de que Dios tiene un plan para mi vida, aun cuando todo parece carecer de sentido.

. . . es gratitud a Dios por el don de la salud emocional, en lugar de creer que todo depende de mi propia habilidad para enfrentar la vida.

. . . no es una esperanza vaga de una felicidad en el más allá, sino certeza de bienestar eterno por haber confiado que la muerte de Cristo fue el pago suficiente por mis pecados.

. . . es rechazar el sentimiento de culpa sobre pecados del *pasado* ya confesados, porque Dios, el Juez, en su soberanía me ha declarado "¡PERDONADO!".

. . . es reconocer que Dios es el Dios del *presente*, y que Él va cumpliendo sus propósitos en cada instante de mi existencia tediosa, rutinaria, absurda y vacía.

. . . es dejar de preocuparme, y entregar el *futuro* al Dios que controla el futuro.[1]

---

1 Extractado de Pamela Reeve, *Faith Is* . . . [La fe es], Multnomah, Portland, OR, 1970.

Máxima para las madres

La esperanza es
una relación
personal con Dios,
quien satisface
todas nuestras
necesidades.

La historia de MOPS

Era un martes por la mañana, alrededor de las nueve y treinta. Cada una de las mujeres se las había tenido que ver con cereales derramados, cabellos enredados, e incluso algunas habían tenido que cambiarse otra vez antes de salir porque a último momento el bebé había vomitado sobre un hombro o una falda. Conduciendo un auto o empujando un cochecito, habían llegado hasta el templo y habían dejado a sus niños en la guardería infantil. ¡A tiempo!

Ahora estaban sentadas en un apretado círculo, casi rodilla con rodilla, en las sillas infantiles de la clase de la escuela dominical. Sostenían las tazas de café y los bizcochos con una sensación de máxima libertad porque no tenían que compartir la golosina con un niño con las manos pegajosas. Los labios se movían en una conversación incesante y ansiosa. Los ojos brillaban de entusiasmo. Los corazones se mostraban mutuamente comprensivos. Todas sentían satisfecha su necesidad.

Esa mañana, allá por 1973, tuvo lugar el primer encuentro de MOPS. Comenzó humildemente, en una iglesia en Wheat Ridge, Colorado, con apenas un puñado de mujeres. Ahora MOPS Internacional auspicia grupos en casi mil iglesias en los cincuenta estados de los Estados Unidos y en otros doce países.

Estos grupos locales alcanzan a unas cuarenta mil madres, y muchas más son alcanzadas por los medios de comunicación patrocinados por MOPS: el programa radial *Mom Sense*, boletines y libros, como éste que usted ha leído. También se cuenta con el programa de extensión de MOPS, que ofrece apoyo a las madres en zonas donde se requiere asistencia especial, y ofrece una red de apoyo fraternal entre los suburbios y las ciudades.

MOPS surgió debido al deseo de satisfacer las nueve necesidades propias de toda mamá con niños pequeños. Hoy, cuando una madre entra en una reunión de MOPS, recibe el saludo cordial de una persona amigable. Ésta la conduce al sitio donde se desarrolla el programa MOPPETS, donde puede dejar los niños durante las dos horas y media del encuentro semanal para madres. Allí, niños hasta la edad de jardín de infantes encuentran un ámbito seguro y afectuoso donde aprenden destrezas creativas, canciones y otras cosas. Para muchas familias, es la primera o única oportunidad en la cual los niños disfrutan haciendo amistad con otros niños y aprendiendo acerca de Dios.

Una vez que los niños están ubicados, la madre se integra a un programa diseñado específicamente para satisfacer sus necesidades. ¡Puede servirse algo rico sin obligación de compartirlo! ¡Puede expresar una frase completa sin tener que hablar en lenguaje infantil!

El programa comienza con una breve sesión a cargo de una Mujer Tito (una madre de más edad que ya ha pasado por los desafiantes años de crianza de niños pequeños, que puede compartir su propia experiencia y las verdades enseñadas en la Biblia). Luego las mujeres se distribuyen en pequeños grupos de discusión, donde ninguna respuesta se considera "incorrecta". Cada mamá se siente en libertad de hablar de sus alegrías y sus luchas con otras madres, que con toda seguridad comprenden sus sentimientos. En esos momentos, es frecuente que se establezcan amistades duraderas al encontrar, por fin, mutua comprensión.

Después, las mujeres participan en una actividad creativa. Para muchas madres que a menudo se sienten frustradas porque no pueden completar ninguna tarea a lo largo del día, esta actividad resulta profundamente gratificante. A muchas de ellas les brinda un sentido de logro y crecimiento personal.

Como el programa de MOPS está a cargo de las propias madres de niños preescolares, les ofrece también una oportunidad de desarrollar sus habilidades de liderazgo y otros talentos. Administrar eficientemente un programa de MOPS requiere capacidad para organizar, iniciativa, administración económica, creatividad y destrezas de administración.

A la hora que completan el programa y retiran a sus niños, las madres se sienten renovadas y mejor capacitadas para criar a sus hijos. ¡MOPS les ayuda a reconocer que las madres también tienen necesidades personales! Cuando se dan tiempo para satisfacer esas necesidades, pueden satisfacer mucho mejor las necesidades de su familia. Así describió una mamá a MOPS:

MOPS significa que puedo hablar libremente de las alegrías, las frustraciones y las inseguridades que me provoca ser madre. Nuestras reuniones brindan la oportunidad de escuchar a otras mujeres, que dicen: "Tuve que quedarme levantada toda la noche"; "¡Me están volviendo loca!"; o "Mi esposo no me entiende." Al escuchar a otras mujeres, descubro una idea novedosa o una nueva perspectiva que me ayuda a encarar esta tarea de educar a los hijos, administrar el hogar y ser una buena esposa. Es importante sentirme normal y no sentirme sola. Las cargas se alivian cuando la mujer que está a mi lado dice: "Sé exactamente cómo te sientes." MOPS es el lugar donde mis hijos se relacionan con otros niños de su edad, mientras yo puedo saborear un rato de conversación ininterrumpida.

No era cristiana cuando empecé a asistir a los encuentros de MOPS. Durante el año pasado experimenté un tremendo crecimiento espiritual y sé que MOPS contribuyó a ese desarrollo. Ahora, la comunión con otras mujeres cristianas es una razón esencial para asistir. Le agradezco al Señor por haberme traído a mí y a mis hijos a MOPS.

El programa de MOPS también capacita a las madres para que puedan ayudar a otras madres, satisfaciendo con ello no sólo la necesidad de sentirse parte de un grupo y de ser comprendida sino la necesidad de ayudar a otros. Aquí hay dos ejemplos:

MOPS me ayudó cuando estaba embarazada de seis meses, tenía un niño de cuatro años de edad, me había mudado a una zona desconocida, no tenía cerca de mi familia, no conocía médicos, no sabía dónde buscar una niñera y no tenía amigas.

Había asistido a sólo dos reuniones de MOPS cuando mi bebé fue hospitalizado con una enfermedad grave. Las mujeres del grupo me proveyeron las comidas, limpiaron mi casa, y hasta dieron empleo a mi hija adolescente como cuidadora de niños, para mantenerla ocupada mientras tuve al bebé internado durante cincuenta días. Me sentí abrumada por esta actitud generosa de mujeres que apenas me conocían. Mi bebé se está recuperando, y yo he sido transformada para siempre.

MOPS Internacional
1311 S. Clarkson Street
Denver, CO 80210, EE.UU.A.

Tel: (303) 733-5353
Fax: (303) 733-5770

Creciendo juntos

Había una vez una pequeña vid.
¡Estaba muy contenta de estar viva!
Tomó agua y minerales del suelo
y creció y creció. Era joven y fuerte
y se las arreglaba bastante bien . . .
Todo por sí sola.
Pero el viento era cruel, la lluvia intensa;
y la nieve no era en absoluto comprensiva.
La pequeña vid experimentó dolor.
Declinó, se debilitó y sufrió.
"Sería muy fácil dejar de crecer
y dejar de esforzarme por vivir",
pensó la pequeña vid.
Sintió que valía muy poco.
El invierno era largo y estaba muy cansada.
Pero luego oyó una voz.
Era otra vid que la llamaba . . .
"Aquí, estírate, aférrate a mí."
Pero la pequeña vid vaciló.
"¿Qué significaría eso?", se preguntó.
Porque la pequeña vid siempre
se las había arreglado bastante bien . . .
Todo por sí sola.
Luego, con toda precaución,
se extendió hacia la otra vid.
"Ves, puedo ayudarte — le dijo ésta —.
"Sólo tienes que enroscar tus sarmientos alrededor de mí,
y te ayudaré a levantar cabeza."
Entonces la pequeña vid confió.
De pronto podía estar otra vez erguida.
Vino el viento . . . vino la lluvia y la nieve.
Pero cuando llegaron,
la pequeña vid estaba aferrada a muchas otras vides.
Y aunque las vides eran ladeadas por el viento . . .
y congeladas por la nieve,

se mantuvieron fuertemente unidas entre sí.
Y en su fuerza silenciosa, podían sonreír y crecer.
Un día, la pequeña vid dijo:
"Aquí, aférrate . . . te voy a ayudar."
Y otra vid se extendió hacia ella.
Todas juntas, las vides crecieron.
Las hojas se hicieron capullo . . . las flores brotaron . . .
y finalmente se formaron las uvas.
Y las uvas fueron de alimento a muchos.

Anónimo